PROG

FAMILIAS REALES

10 ÁREAS ESENCIALES PARA EL DESARROLLO DE HOGARES SALUDABLES

Dr. Benny Rodriguez
Mariela Guadalupe

FAMILIAS REALES

10 ÁREAS ESENCIALES PARA EL DESARROLLO DE HOGARES SALUDABLES

Dr. Benny Rodríguez
Mariela Guadalupe
2022

Todos Los Derechos Reservados © 2022
Dr. Benny Rodríguez & Mariela Guadalupe

Familias Reales
10 Áreas Esenciales Para El Desarrollo
De Hogares Saludables

Diseño gráfico: AcademiaDeAutores.com
Uso gratuito fotografía bajo la licencia Unsplash.com

Impreso en los Estados Unidos de América

ISBN: 979-8-88757-466-0

Los autores garantizan que todo el contenido es original y que no infringe con los derechos legales de cualquier otra persona u otros trabajos publicados. Ninguna parte de este libro puede ser reproducida en cualquier forma / formato sin el consentimiento expreso de los autores.

Todos los versículos bíblicos utilizados en este libro fueron tomados de la Biblia Textual© 1999 por la Sociedad Bíblica Iberoamericana todos los derechos reservados derechos internacionales registrados

www.FamiliasReales.org

Para Pedidos & Invitaciones:

Dr. Benny Rodríguez
www.DrBenny360.com
Síguenos en las Redes Sociales: @DrBenny360

RECOMENDACIONES

"Conocí al Dr. Benny Rodríguez hace algunos años atrás. Al oírlo en una de sus disertaciones, me impactó su actitud sencilla pero a la vez su profundo y contundente mensaje. Estoy seguro que el contenido de este libro edificará a muchos y será una útil herramienta de consulta para ministros y servidores que anhelan ser efectivos en la labor encomendada por el Padre. Hoy en día, donde la familia está bajo feroz ataque, resulta significativo tener a la mano estas lecciones que surgen de alguien con la experiencia y autoridad para proponerlas. ¡Que vengan muchos libros más!"

Alberto Solorzano
Obispo - Red Mundial CCI
Orlando, FL – USA

"En calidad de colega y discípulo, me complace recomendar a los autores, Dr. Benny Rodríguez y Mariela Guadalupe. Este libro se trata de un proyecto serio y meticuloso que será de beneficio para todo lector interesado en el tema de la vida en familia. El objetivo se logra en cada una de las diez lecciones prácticas que incluye. Es un esfuerzo ético, educativo y responsable que toda familia, educador, ministro o profesional debería tener en sus lecturas de referencia"

Dr. Edwin Lemuel Ortiz
Pastor Auditorio de la Fe
Pembroke Pines, FL - USA

"El Dr Benny Rodríguez es una autoridad delegada para las familias de esta generación. Sus palabras tienen el fin de cambiar y transformar la mentalidad de la iglesia de Cristo. Posee una magisterial forma de enseñar acerca del evangelio del Reino y porta la legalidad divina de vivir lo que predica y predicar lo que vive. Recomiendo absolutamente este libro. Creo que los códigos contenidos abrirán una dimensión de autoridad que dimensionará tu vida. Léelo y practica los principios constantemente para que experimentes una revelación progresiva. Tu interpretación del sistema operativo del Reino, nunca podrá volver a ser la misma"

Profeta Víctor Villamil
Iglesia Familia de Reino
Buenos Aires, Argentina

"El Dr. Benny Rodríguez es ministro y psicólogo clínico, especialista en temas de familia y vida cristiana. Como colega y amiga en Cristo, le tengo gran respeto y admiración por la manera en que utiliza sus dones como ministro, y sus conocimientos profesionales, para sanar almas. En sus talleres muestra una extraordinaria habilidad para atender situaciones relacionadas a la conducta humana y las relaciones familiares a través de las escrituras y la psicología. Su estilo de utilizar el humor y la sencillez para ilustrar las verdades bíblicas te llevarán a entender el plan de Dios para ti y tu familia."

Dra. Mary Moreno
Neuropsicóloga Escolar
Catedrática UPR - Mayagüez

"El Dr. Benny es autor, maestro y ayuda a transformar nuestras expectativas en la manera de llevar nuestras vida como pareja y familia. Con su ejemplo y enseñanza, afecta positivamente a todo aquel que lo conoce. Esta nueva travesía llamada *"Familias Reales"* te llevará a otro nivel de conocimiento y sabiduría".

Mayra D. Macías
Directora Ministerio de Parejas
Iglesia Segadores de Vida
Miami, FL - USA

"Conozco al Dr. Benny Rodríguez por 27 años como amigo, profesional, esposo y padre. Puedo afirmar que vive lo que habla. Este libro, *"Familias Reales"*, son 10 temas esenciales para las familias presentados, no solo desde una perspectiva psicológica, sino también desde una bíblica. Creo firmemente que los autores son voces de consciencia en medio de tantas voces contradictorias para este tiempo. No importa si eres padre, madre, consejero, psicólogo o pastor, usted necesita herramientas para construir una familia saludable"

Michael Córdova
Pastor Vida en Familia
Consejero Psicológico
Cayey, PR

"Conocimos al Dr. Rodríguez hace unos años atrás. Lo que impresionó nuestros corazones, fue su amor por las personas y la obra De Dios, el corazón desprendido que Dios le ha dado y como ha puesto sus dones y talentos al servicio de los demás. Creemos que este libro va a bendecir tu vida y tu familia, que es el proyecto más importante que Dios te ha confiado"

Eduardo y Andrea Vargas
Pastores Generales, Iglesia Oasis
San José Costa Rica

"Hablar de familia no es moda ni mucho menos un tema que queda bien. Es necesario, es urgente y determinante. La debacle en la que está sumida la institución familiar histórica en buena parte del Mundo, hace que el abordaje de su realidad sea prioritario en la agenda de la sociedad como un todo. Por eso, que la institución familiar sea el tema abordado con la experiencia, el compromiso y la responsabilidad con la que sus autores lo hacen, provoca a creer que la esperanza del fortalecimiento de la familia, no sea una utopía"

Omar Herrera & Cristina Lucero
Pastores y Consejeros Familiares
Centro Cristiano Antorcha
Cipolletti, Argentina

"Existen ministerios que son verdaderas llaves para abrir puertas y desatar propósitos. Creo que el ministerio del Dr. Benny es una de esas llaves para esta generación. Vivimos un tiempo donde la institución familiar ha sido manipulada, manchada y desacreditada pero Dios está levantando hombres y mujeres, como Dr. Benny y Mariela, con un potencial para cambiar esta historia. Ellos han bendecido a mucha gente alrededor del mundo y tú serás la próxima persona que vivirás esta experiencia"

Profeta José Luis Acuña
Conquista Church
São Paulo, Brasil

"Eres privilegiado al tener en tus manos una joya literaria, directo de las manos de un hombre lleno de sabiduría, al cual puedo llamar amigo. El Dr. Benny es un hombre de influencia y estás a pasos de recibir secretos que bendecirán tu vida. No es lo mismo escribir por información, que escribir en base a vivencias. Esto es lo que hace diferente al escritor de este libro. No solo leerás un libro más, sino que será una llave para accesar a otro nivel de mentalidad"

Profeta Edwin Santiago
Nación de Fe Main Campus
Orlando, FL - USA

"Seguramente, este libro será una gran herramienta para la edificación de muchas familias. El Dr. Benny, junto a su esposa Mariela, tienen una visión amplia y un lenguaje fácil de entender. Este libro los ayudará a resolver conflictos, mejorar su comunicación y vivir en paz y armonía para cumplir los sueños y proyectos familiares"

Pastores Ingle & Gilberto Freitas
Iglesia Apostólica Tiempo de Milagros
Curitiba, Paraná - Brasil

"El Dr. Benny Rodríguez es un regalo del Cielo para esta generación. Todos los que le conocemos hemos podido observar su pasión por la enseñanza acerca del diseño divino. Como terapeuta de familia licenciada, puedo dar testimonio de la necesidad tan grande que tenemos de libros como "familias reales". Te felicito por darte la oportunidad de exponerte a cada principio que este manual encierra. Estoy segura que se te revelará sabiduría divina para tu casa.

María Aponte
Pastora & Terapeuta Familiar
Casa de Paz y Restauración
Springfield, MA - USA

DEDICATORIA

Dedicamos este libro, a Quien es el centro y fuente de vida en nuestro hogar. A Jesús, el hijo que nos modeló la relación con un Padre que ama.

También dedicamos este esfuerzo a nuestros dos hijos amados: *David e Isabella*. Ellos son la motivación de esforzarnos cada día más a mejorar. ¡Les amamos eternamente!

A nuestros padres, quienes nos regalaron las primeras experiencias en familia y supieron sembrar los valores que hoy cosechamos en nuestro hogar. ¡Les honramos!.

Un gran abrazo a nuestros familiares, a todos los amigos, mentores y ministros amigos que, de alguna forma u otra, han contribuido al logro de este libro. ¡Les bendecimos!

TABLA DE CONTENIDO

Introducción: 15

Qué Hacer Antes de Iniciar Un Tema: 19

Acuerdos Para Crecer Y Pasarla Bien: 21

Semana 1: Propósito Eterno De La Familia: 25

Semana 2: Roles Familiares: 31

Semana 3: Comunicación (Parte 1): 41

Semana 4: Comunicación (Parte 2): 49

Semana 5: Confianza: 61

Semana 6: Emociones: 71

Semana 7: Conflictos: 85

Semana 8: Humor & Pasatiempo: 99

Semana 9: Sueños & Metas: 113

Semana 10: Sanidad & Perdón: 127

Palabras Finales: 141

Acerca De Los Autores: 145

Ejercicio de Auto-Conocimiento: 147

Otros Productos: 153

Eventos: 157

FAMILIAS REALES

INTRODUCCIÓN

Un día, mientras almorzaba con un pastor amigo de la ciudad, surgió la idea base de lo que hoy es este libro. Honramos la visión que tuvieron los pastores Abraham Velázquez y Bethliza Cintrón, motivados por las situaciones que hoy en día vemos en las familias. ¡Gracias!

La familia es una idea del Eterno. Fue establecida por Él en la tierra con un propósito específico. Es un concepto tan importante, que la llegada del Mesías, el Hijo que traería salvación, restitución y orden real a la iglesia, dependía de la existencia de una familia para entrar a este mundo. La familia es el canal para expresar propósitos eternos en el mundo de los vivientes.

Creemos que es por esto que es tan atacada. El enemigo de las almas sabe que cada matrimonio, cada nacimiento, es un arma potencial en contra del reino de las tinieblas. La historia de Herodes y el nacimiento de Jesús, no ha cambiado. Continua hasta el día de hoy a través de movimientos a favor del aborto, intentos de robos de inocencia a nuestros niños y gestiones en contra de la institución del matrimonio. No podemos ser tolerantes a esto.

Debemos entender que cada casamiento es la unión de propósitos. Dios no une personas, une propósitos. Cada nacimiento de un infante, expresa en el mundo natural, una idea del Eterno llamada asignación. Cuando en la tierra nacen niños y niñas, en el cielo están naciendo apóstoles, profetas.... En fin, agentes de cambios para este tiempo con una asignación divina.

El título de este libro, *"Familias Reales"*, en realidad contiene 2 dimensiones. Primero, hablamos de *"Real"* haciendo referencia a que somos familias del Reino con genética y linaje real (1 Pedro 2:9). Por tanto, las familias también deben portar y actuar bajos códigos de Reino. La segunda dimensión de *"Real"* es el sentido de ser genuinos, verdaderos, transparentes y honestos.

Creemos que la única forma de ver cambios permanentes en nuestra vida familiar es aceptando que no existen familias perfectas. También, desde un sentido *"real...genuino"*, decir *"¡Hey, necesito ayuda! No quiero vivir más bajo apariencias"*. Entonces, es cuando practicamos códigos reales y nos presentamos genuinamente, que el Padre puede hacer intervenciones profundas para Su Gloria. (Santiago 4:8, Salmos 145:18, Lucas 8:43)

Deseamos con este libro ofrecer herramientas simples y prácticas sobre 10 temas esenciales para una sana y estable vida en el hogar. Realmente, es un libro / guía para facilitar conversaciones familiares transformadoras. Sirve tanto para quienes son hijos como también matrimonios y familias. Sugerimos que se haga una lección por semana y si pueden hacerla en familia, mucho mejor.

El tiempo y el lugar lo escogerán ustedes. Lo importante es que el ambiente sea adecuado, invitacional y voluntario (*¡sin presión!*). Cada lección, posee un contenido específico, acompañado de un sólido fundamento bíblico. Al final de cada tema, encontrarán preguntas guías para conversar entre ustedes y ejercicios para colocar en práctica lo que estarán aprendiendo.

Uno de los grandes secretos de todo equipo deportivo campeón, es que ellos nunca dejan de practicar los fundamentos. Don Pablo Casals, considerado el violonchelista más destacado de los últimos siglos, a sus 83 años le preguntaron por qué seguía practicando cinco horas al día. Casals, con dulce sonrisa, les respondió: "*Porque creo que aun estoy progresando*".

No importa si llevan o no muchos años de casado y de familia, siempre se puede seguir aprendiendo. Les invitamos a que aprovechen al máximo, los más de 20 años de experiencia trabajando con familias encapsuladas en estas páginas. Esta obra es ideal para familias que desean ver cambios genuinos en sus casas. También, lo recomendamos como herramienta de apoyo a consejeros, terapeutas, ministros, líderes ministeriales que trabajen con familias.

Esperamos que disfruten la lectura y que sus hogares estén siempre edificados sobre la Roca Eterna, el lugar más seguro. (Mateo 7:24) Son muchos los testimonios de familias que han vivenciado momentos únicos en medio de estas conversaciones. Creemos y oramos que también ocurrirá en sus hogares, en el nombre de Jesús.

FAMILIAS REALES

QUE HACER ANTES DE INICIAR UN TEMA

COMUNIÓN: ¡El Padre quiere escuchar sus expectativas, activar su fe y llevarlos, como familia, a un nivel mayor! Antes de iniciar los temas, pidan en oración, que el Espíritu Santo prepare sus corazones y aclare sus mentes para que puedan escucharlo hablar a través del contenido.

CENTRADOS: Antes de entrar en el contenido del tema semanal, lean primero juntos y en voz alta la meta y los objetivos. De esta forma, todos podrán prepararse para enfocarse en el tema, generar expectativas y sacarle el máximo provecho.

CONTENIDO: Además del contenido encerrado en estas páginas, tendrán otros materiales de apoyo complementarios que podrán accesar según se indique en la lección. Este puede estar en formato texto, audio, video o combinación de varios. Para los textos, lean en voz alta el contenido y se sugiere dividirse en turnos la lectura. Para audios y videos, utilicen un medio que facilite que todo el mundo pueda ver y escuchar bien lo que se está compartiendo. (*Ejemplo: TV, computadora, data proyector, radio, etc.*)

CONVERSEN: Luego de leer el contenido, encontrarán algunas preguntas guías que facilitará la conversación entre ustedes. No están limitados a solo ellas. Pueden fluir creando nuevas preguntas, según vean el progreso entre ustedes. No paren el fluir, si están avanzando. Es altamente sugerido que tomen notas de sus aprendizajes.

CONDUCTA: La última parte, son los ejercicios y dinámicas para llevar a la práctica lo que estarán aprendiendo. En algunos casos, podrán encontrar otras sugerencias para continuar aprendiendo del tema durante el resto de la semana.

FAMILIAS REALES

ACUERDOS PARA CRECER Y PASARLA BIEN

La única meta de este programa es aprender, crecer y unirse más como familia. Este programa **NO ES** una sesión de consejería o una excusa para abandonar procesos terapéuticos. Tampoco es una evaluación, ni un instrumento para hacer juicios. Por favor, la información que se compartan no la usen en contra de otros para acusar o manipular situaciones. Por eso, debemos estar de acuerdo en practicar lo siguiente:

Practiquemos confidencialidad: Se recomienda mantener estrictamente las conversaciones entre ustedes. Puede haber temas sensitivos que saldrán en las conversaciones y debemos respetar esto. Que sus frutos sean los que den testimonio de la transformación, no sus comentarios a terceros.

Relájense y sean realistas: No necesitan ser perfectos, porque ninguna familia lo es. Tampoco necesitan ser expertos en conducta, ni teólogos. ¡Pídanle al Espíritu Santo Su ayuda y abran el corazón al proceso! Temas como estos son normales en cualquier familia. ¡No se estrésen por esto! Véanlo como una gran oportunidad de ver a Dios manifestarse en sus vidas.

¡Háganlo suyo!: Usen sus propias palabras y expresen sus genuinos sentimientos. Apodérense del proceso. Recuerden que están en un espacio seguro. Aquí no hay respuesta correcta o incorrecta. El material es solo una guía para darles una dirección más tienen libertad de fluir como sientan más saludable. Pueden añadir preguntas y tomar más tiempo, si lo necesitan.

Perseveren y no se rindan: Recuerden que esto es un proceso. Tengan paciencia. No se desanimen si alguno parece *"no entender"* o simplemente no participa. En ese momento, lo importante es que está ahí y a veces la integración es cuestión de tiempo. Resalten el valor que tienen estas conversaciones. Estas son semillas plantadas en los corazones, que tarde o temprano germinarán.

Sean consistentes: Comprométanse por las próximas 10 semanas a participar en espíritu, alma y cuerpo. Les recomendamos que escojan un día y hora fija para reunirse a conversar. Hagan de este programa una prioridad dentro de su tiempo y verán los resultados. Solo les tomará unos minutos de sus agendas.

Si identifican alguna área donde sienten que no pueden manejarlo solos, **les pedimos que busquen ayuda externa.** Es totalmente aceptable y responsable de su parte. A veces, tenemos cosas guardadas en el corazón que pueden necesitar de tiempo y ayuda adicional para resolverlas.

¡Diviértanse!: Mantengan el ánimo, sean optimistas y mantengan las conversaciones con un espíritu sano. Disfruten el proceso de descubrirse como familias. Cada semana, tendrán actividades que pueden aprovechar para crear nuevas memorias juntos. Pueden tomarse fotos y grabar videos de esos momentos, siempre y cuando sea adecuado. Más adelante, lo van a agradecer.

SEMANA 1

PROPÓSITO ETERNO DE LA FAMILIA

Verso Clave:
"Se acordarán y se volverán a YHVH de todos los confines de la tierra, Y todas las familias de las naciones se postrarán delante de ti"
(Salmos 22:27)

Meta: Redescubrir el propósito original del Padre para la familia.

Objetivos

- La familia es una idea divina
- Objetivos y funciones de la familia
- Consciencia de cuidado generacional

Contenido

- El Padre ha establecido la familia para que Sus hijos sean felices y vivan dentro de un espacio seguro.

- En el espacio familiar, es que se aprenden los códigos y principios correctos basado en la Palabra. Es el amor, el combustible que nos mueve y el pegamento que nos mantiene unidos.

- El Padre ha establecido la familia como la institución fundamental de la sociedad humana. Es la institución social más antigua del mundo.

- La familia está compuesta por personas relacionadas entre sí, ya sea por matrimonio, sangre, adopción o combinación.

- El matrimonio es la unión exclusiva entre un hombre y una mujer. No existe otro modelo, ni otra opción. Es un pacto de compromiso por toda la vida. No es contrato. Es tan sublime, que es la forma en que el Padre escogió para revelar la unión entre Cristo y Su iglesia.

- El hombre y la mujer, a través del matrimonio, crean un ambiente de unión íntima. Siendo ahora una sola carne (Génesis 2:24), pueden canalizar sus necesidades de expresión sexual de acuerdo a los patrones bíblicos y ser el medio para la procreación de la raza humana.

7 Funciones De La Familia

Todo lo que tiene diseño, tiene una función. La familia no está exenta de este principio.

Función 1: La familia es una institución divina, por lo tanto debe ser dirigida por Dios. (Génesis 1:28; 2:24)

Función 2: La familia es la cuna de nuestra forma de ser. Es la base de nuestra personalidad y nos da identidad. Nuestros patrones de comportamiento son grandemente influenciados por los eventos de formación familiares. (2 Timoteo 1:5)

Función 3: La familia es nuestro primer ambiente para aprender a socializar. En nuestra casa, se ensaya como nos relacionaremos con las personas de afuera. (Génesis 1:27-28; 7:1; 12:1)

Función 4: La familia es la fuente de validación emocional. Un hogar sin validación, produce miembros inseguros. (Mateo 3:17)

Función 5: La familia es la productora de los valores morales. Es en la casa (¡*y no en las escuelas!*) donde hay que enseñar los valores morales. (Josué 24:15)

Función 6: La familia es intencionada en la formación de hijos y de las próximas generaciones. (Génesis 18:17-19; 1 Samuel 1:10-11)

Función 7: La casa sigue siendo la "*escuela*" principal para la formación de carácter y desarrollo de una actitud de gratitud (Deuteronomio 6:6-9; 1 Samuel 1:19-28)

Preguntas Guías Para Conversar

Pregunta 1: ¿Están de acuerdo que la familia es una idea divina? Expliquen sus respuestas.

Pregunta 2: ¿Cuál(es) de las siete (7) funciones de una familia les impactaron más y porqué?

Pregunta 3: ¿Cuál(es) de estas funciones ustedes creen que necesitan reforzar más como familia?

¡Acción!

Ejercicio 1: Cada persona debe decir algo que nadie sepa de ellos/as. *(Alguna experiencia linda del pasado, frases que comienza con "yo siempre soñé con..." "cuando pequeño(a) yo quería...").* Debe ser algo significativo más que no sea vergonzoso, ni humillante. Es solo para romper el hielo y crear confianza.

Ejercicio 2: Cada miembro de la familia contará una memoria significativa de su infancia y explicará porque la escogió. Tendrá entre 3-5 minutos para contarla.

Ejercicio 3: Durante el resto de la semana, busquen fotos antiguas de su familia y cuenten la historia de ella (que paso allí, con quién estaban, dónde y cuando fue, etc.)

Oremos Juntos:

Cierren la sesión orando juntos y declarando que esta primera conversación es un buen inicio para su transformación familiar.

SEMANA 2

ROLES FAMILIARES

Verso Clave:
"Si alguno no provee para los suyos, y mayormente para los de su familia, es peor que un incrédulo y ha negado la fe"
(1 Timoteo 5:8)

Meta: Aprender los roles y responsabilidades que tienen los padres y los hijos, según las Escrituras.

Objetivos:

- Principio de autoridad delegada (dar y recibir)
- La necesidad de las estructuras familiares
- Identificar los roles de los padres ante los hijos
- Identificar los roles de los hijos ante los padres

¿Por Qué Hablar De Autoridad

- Cada familia posee una estructura. Cuando hablamos de estructura, nos referimos a quienes son los miembros de la familia, cuáles son las funciones de cada uno y el nivel de calidad de relación que existe entre ellos.

- Hay familias que están constituidas solo por el matrimonio. Otros tipos de familias son matrimonios con hijos (*nuclear*), familias de padres separados / divorciados, familias de un solo padre / madre (*viudos*), familias extendidas (*integran otros parientes consanguíneos como abuelos, por ejemplo*) y las familias reconstituidas (*padres divorciados que se vuelven a casar con otras personas*).

- Tener roles definidos está directamente relacionado al buen funcionamiento de una familia. Una buena y saludable definición de los roles traerá un alto nivel de funcionalidad en la familia. Por el contrario, roles no definidos o invertidos (*hijos hacen lo que los padres deberían hacer y viceversa*) siempre será una fuente para los conflictos.

- **Por ejemplo:** Imaginen una familia tradicional de padres e hijos. Sin embargo, sus hijos son los que toman las decisiones y "*mandan*" porque el liderazgo de los padres es totalmente permisivo (*son los que le dicen si a todo y no negocian*). De más esta decir que esto va a traer serios problemas. Entiendan que, no es solo que tengan una estructura, pero que también los roles se ejerzan de forma adecuada.

- Por esto debemos aclarar que la familia no es solo roles y funciones. También es cómo se expresan y que nivel de calidad relacional existe entre las personas. Aquí es que la autoridad y la responsabilidad entran en función.

- Cuando hablamos de autoridad hablamos de la influencia para hacer crecer y traer resultados. Debe ser entendida como un instrumento que empleemos para ayudar a los nuestros a que cada día sean mejores personas. Esta es la educación Bíblica de Proverbios 22:6 "*Instruye al niño en el camino que ha de seguir, Aun cuando sea viejo no se apartará de él*". La verdadera autoridad siempre trae resultados y hace crecer.

- Además de conocer nuestro rol y lo que se espera de nosotros, también es esencial evaluar cuan efectivo estamos siendo con la influencia que tenemos en nuestras manos.

- Es para esto que hemos creado este libro. Deseamos facilitar ese espacio de conversación donde se puedan calibrar en distintas áreas como familia. También hablaremos más adelante sobre la comunicación que edifica y que ayuda a ejercer autoridad saludable dentro de la familia.

Roles De Los Padres

- Dice el final de Josué 24:15: *"pero yo y mi casa serviremos a YHVH"*. Este verso nos modela un principio familiar importante: Cuando los padres optan por darle al Eterno el primer lugar, están asegurando abundantes y poderosas bendiciones para su descendencia.

- Como cuidadores, estamos llamados a proveer ocho(8) aspectos básicos a nuestras familias: *protección, alimentación, cuidado, seguridad, amor, respeto, lugar donde vivir y sustento.*

7 Funciones Bíblicas De Los Padres

Como padres, tenemos la gran responsabilidad de guiar a nuestros hijos a una relación personal y progresiva con el Eterno. De esta forma, aseguramos que las próximas generaciones caminen bajo la revelación de la Palabra y con una mentalidad de Reino. De esta forma, experimentarán una vida plena. Como padres, tenemos las siguientes funciones: (*Como ejercicio de estudio, pueden buscar y discutir los versículos asociados a cada función*)

Función 1: Dar y ser el ejemplo a nuestros hijos (Proverbios 20:7; 19:1)

Función 2: Tener un testimonio de vida coherente en la familia y en la sociedad. En otras palabras, ser los mismos en casa que en público. (2 Corintios 1:12)

Función 3: Ser proveedores en el presente e inversionistas en el futuro de nuestros hijos, tanto en lo físico, como en lo emocional y espiritual. (Salmos 112:2; Proverbios 13:22)

Función 4: Enseñarles la obediencia al Padre. (Salmos 32:8; 34:10)

Función 5: Educarlos basados en principios, va‹ y códigos de Reino. (Proverbios 22:6)

Función 6: Cubrir constantemente en oración a nuestros hijos. Hablar vida sobre ellos y sobre sus destinos. (1 Samuel 12; 22, 23)

Función 7: Someter a la familia a la autoridad y provisión perfecta del Padre. (Efesios 3:14-16)

La responsabilidad de los padres para con sus familias, debe ir acompañada por el compromiso de los hijos. En otras palabras, debemos observar cómo nuestros hijos responden a nuestra autoridad. El rol de cada hijo es aprender, crecer, respetar y evolucionar como seres humanos.

7 Funciones Bíblicas De Los Hijos

(*También pueden buscar y discutir estos versículos asociados a cada función*)

Función 1: Sujetarse a la autoridad de los padres. (Romanos 13:1,2)

Función 2: Tener una actitud de honra. (Efesios 6:2; Éxodo 20:12)

Función 3: Ser obedientes siguiendo las normas y acuerdos establecidos en la familia. (Colosenses 3:20)

Función 4: Dejarse proteger y proveer por sus padres. (1 Timoteo 5:8)

Función 5: Atender y valorizar la instrucción de los padres (Proverbios 1:8; 13:1, Efesios 6:4)

Función 6: Traer alegría al corazón de sus padres (Proverbios 10:1)

Función 7: Heredar los bienes, la sabiduría y la riqueza de sus padres. Transmitir a la próxima generación lo que aprendieron (Salmos 22:30-31)

Conclusión: Como explicamos en la primera lección, la familia es una idea del Padre. Todo lo que Padre crea tiene un diseño y una función. Cualquier cosa o área que este fuera del diseño, ahora con la conciencia que nos da la información, podemos corregirla. Por eso, saber cuáles son los roles, las funciones y la calidad de las relaciones en nuestra familia es una forma honrar el diseño divino.

Preguntas Guías Para Conversar

Pregunta 1: ¿Sabían ustedes cuáles eran los roles y funciones de la familia, según la Palabra? Si aplica, ¿Cuál de ellos no sabían?

Pregunta 2: ¿Pueden identificar algún rol y/o función que no se esté ejerciendo actualmente? (padres e hijos) Si aplica, ¿Cuales?

Pregunta 3: ¿Qué podrían hacer para comenzar a cambiar esa situación?

Pregunta 4: ¿Cuál de las siete(7) funciones bíblicas de los padres les llamó más la atención y por qué?

Pregunta 5: ¿Cuál de las siete(7) funciones bíblicas de los hijos les llamó más la atención y por qué?

Pregunta 6: Discutan cinco(5) posibles peligros que una familia **SIN** roles y funciones definidas podría tener

¡Acción!

Ejercicio: Este ejercicio es divertido y revelador. Se llama *inversión de papeles*. Se trata literalmente de actuar como otro miembro de la familia dentro de una situación específica. El padre puede actuar como la madre, una madre puede asumir la actuación de un hijo o una hija puede actuar como el padre. Ustedes pueden decidir quién actúa como quien.

Se debe hacer con respeto, sin atacar, sin humillar, sin juicios. No lo hagan personal, ni lo usen para mandar mensajes vengativos. Pueden tomar notas. Luego de terminar, discutan lo que vieron y como se sintieron.

La situación que deben actuar es la siguiente: *Decidir en consenso y como familia, a donde van a comer después de salir de la celebración de su iglesia el domingo.* Pueden escoger otra situación, si lo creen más conveniente. Sean creativos y háganlo divertido.

Oremos Juntos:

Cierren la sesión orando juntos como familia y declarando que Dios traerá claridad y sabiduría para expresar nuestros roles.

SEMANA 3

COMUNICACIÓN
PARTE 1

Verso Clave:

"Ninguna palabra dañina salga de vuestra boca, sino la que sea buena para la necesaria edificación, que comunique gracia a los oyentes"
(Efesios 4:29)

Meta: Evaluar y fortalecer nuestra comunicación familiar.

Objetivos

- Definir lo que es comunicación saludable
- Las 7 "C" de la buena comunicación
- Identificar actitudes que no ayudan a una buena comunicación

Contenido

- Comunicación es el proceso de transmitir información y crear un entendimiento común entre las partes involucradas.

- Es la herramienta creada por Dios para relacionarnos, obtener lo que necesitamos o queremos y para expresar lo que somos.

- Existe comunicación verbal (*palabras*) y no verbal (*cuerpo, actitudes y comportamientos*). Debemos aprender a evaluar ambas formas de expresión. Un buen entendimiento de ellas son de alta importancia para conectar, transmitir y expresar lo que hay en nuestros corazones.

- Siempre hay comunicación. Es imposible vivir sin estar comunicando *(¡hasta el silencio es comunicación!)*. Lo que hay que evaluar es cuan efectivos estamos siendo. *¿Cómo?* ¡Simple! Evaluando nuestros resultados.

- La habilidad más poderosa para fortalecer y mejorar las relaciones familiares es la comunicación saludable. Tenemos la perfecta oportunidad en nuestras manos.

7 "C" De La Comunicación Saludable

Claridad: Cuando escriban o hablen, sean lo más claros posible acerca de lo que quieren. Definan *¿Cuál es su propósito al comunicarse con esta persona?* Traten de hablar 1 o 2 ideas máximo por oración. Asegúrense que el significado de lo que expresan sea fácil de entender. Eviten mensajes "*entre líneas*" o "*asumir*" que se entenderá lo que quisieron decirse.

Conciso: Ser conciso en la comunicación, los hace ir al punto y el mensaje se mantiene breve. Mensajes breves es hacer fácil el entendimiento. Eliminen el "*rodeo*" (dar vueltas y vueltas en la idea) y el uso de "*palabras de relleno*" (extras, innecesarias o muletillas) Por ejemplo: "*Esteeee*" "*Aquello*" "*Pues*" "*Ya ves*", "*Más o menos*", "*No se*" o terminar repitiendo lo mismo varias veces.

Concreta: Cuando su mensaje es concreto, la gente tendrá una idea clara de lo que les está diciendo. No hay lugar para interpretar "*lo que no es*". Hay suficientes detalles pero no demasiados. Mantengan su comunicación como un rayo láser. Directo, simple y con respeto. Ser concreto tampoco es permiso para ser cruel, arrogante o despectivo.

Correcta: Es saber escoger sus palabras y discernir con quién están hablando. También es una comunicación sin errores. Por ejemplo, no deben hablar con palabras o ideas complejas a niños porque el nivel de comprensión de ellos es menor. Háblenles en términos sencillos y usando ejemplos. Asegúrense que lo que dicen o escriben, sea verdad o comprobable, si no perderán credibilidad.

Coherente: La comunicación coherente hace sentido rápido. Todos los puntos están conectados y son relevantes para el tema principal. También el tono y el flujo de las palabras son consistentes. Hay veces que el *"cómo"* decimos las cosas debilita lo *"qué"* estamos queriendo decir. **Ejemplo:** *si dices estar tranquilo, no se justifica el estar gritando.*

Completa: El mensaje es completo porque tiene inicio, medio y fin. Hay una intención clara definida, hubo comprensión, hay espacio para *"feedback"* (*retroalimentación*) y clarificar, si fuese necesario.

Cortés: La comunicación cortés es amistosa, abierta y honesta. No hay insultos, sarcasmo, mensajes entre líneas u ocultos, ni tonos pasivo-agresivos, por ejemplo. Se tiene en cuenta el punto de vista y sentimientos de las otras personas. También es empática con sus necesidades.

Actitudes Que No Ayudan A Una Buena Comunicación

- No asumir la responsabilidad de una mala comunicación
- Culpar a otros
- Espíritu de burla y humillación
- Sarcasmo y el uso de ironía
- Usar juicio o crear culpabilidad (*manipulación*)
- Asumir que siempre te entenderán
- Falta de esfuerzo para ser preciso
- Descuidado en no discernir el momento
- Comunicar cosas importantes en lugares, formas y canales inadecuados
- Dictar acuerdos sin discutirlos o explicarlos
- Invitar a dialogar pero solo uno habla
- Comunicar controlado por la emoción (*coraje, tristeza, etc.*)
- Comunicar sin esperar la retroalimentación (*Hablé y que entiendan lo que quieran*)
- Modelar impulsividad o comportamientos irrespetuosos
- Practicar el "*síndrome de lectura mental*" (*imaginar lo que el otro va a decir y terminarle la frase*)
- Escuchar para responder y no para entender primero

Preguntas Guías Para Conversar

Pregunta 1: Usando una escala del cero(0) al cien(100) decidan, como familia, cuan saludable y efectiva está su comunicación familiar en estos momentos. El cero(0) significa el peor nivel de salud y el cien(100) es el nivel más saludable posible.

Pregunta 2: ¿Cuál de las siete (7) "C" de la comunicación saludable es la más que practican? Expliquen sus respuestas.

Pregunta 3: ¿Cuál de las siete (7) "C" necesitan practicar más como familia. Expliquen sus respuestas.

Pregunta 4: ¿Cuales actitudes que no ayudan a la buena comunicación pueden identificar que a veces suceden dentro de su comunicación familiar? (*vean la lista en la sección anterior*)

Pregunta 5: Enumeren cinco(5) posibles efectos negativos que trae la comunicación **NO SALUDABLE** dentro de una familia.

¡Acción!

Ejercicio 1: Hagan una lista de actividades que les pueden servir para conectarse y comunicarse entre ustedes (Ejemplos: cocinar juntos, tomar una clase, deportes, camping, cine, etc.) Sean creativos.

Ejercicio 2: Tener una noche de actividad familiar sin teléfono, TV, ni Internet. De la lista que crearon, escojan una actividad que puedan hacer juntos ese día, que les permita hablar y conectarse.

Ejercicio 3: Digan y memoricen este verso: *"Sabed, mis amados hermanos: Todo hombre sea pronto para oír, tardo para hablar, tardo para la ira"* (Santiago 1:19)

Oremos Juntos:

Cierren la sesión orando juntos y declarando que esta sesión familiar los está conectando y llevando a un mayor nivel de comunicación familiar.

SEMANA 4

COMUNICACIÓN
PARTE 2

Verso Clave:
"Hay quien profiere palabras como estocadas, pero la lengua de los sabios es medicina"
(Proverbios 12:18)

Meta: Identificar barreras comunicativas y crear los puentes para la comunicación saludable.

Objetivos:

- Identificar barreras en nuestra comunicación
- Crear puentes para unirnos más como familia
- Consciencia de buenas prácticas para fortalecer la comunicación

Barreras Y Puentes En La Comunicación

Comunicar nuestros pensamientos y sentimientos de forma clara es esencial para una vida familiar saludable. Infelizmente, la realidad es que muchos de nosotros crecimos sin aprender buenos hábitos de comunicación. Con el tiempo, terminamos construyendo *"barreras"* más hoy las cambiaremos por *"puentes"* en el nombre de Jesús. ¡Amen!

Barrera #1: "Demasiado ocupados / Agendas": A menudo, nos involucramos en demasiadas tareas y pensamos que no podemos parar lo que estamos haciendo para escuchar a nuestras familias. Te aseguro que podrían estar perdiéndose de oportunidades únicas para conectar entre ustedes. Por su puesto, debe haber un tiempo para laborar y cumplir con nuestra agenda de trabajo. La palabra clave aquí es *equilibrio*.

Por ejemplo: *"Papá, necesito hablar un momento contigo a ver si me ayudas con algo"* y le respondes *"¿Qué quieres ahora?....No ves que ya voy tarde para la reunión"*. El mensaje entre líneas que realmente estamos enviando es *"vete"* o *"estás molestando"*. Lo mismo aplica con los cónyuges, hermano(a) y demás miembros de la familia.

El puente es tomarse o crear el tiempo: La idea es hacer el tiempo y comunicar la intención. *¿Que a veces nos falta?* Lo podemos entender más volvemos a recordarles que es cuestión de equilibrio, ser **intencionales** y **creativos**.

Pueden decir algo como: "*¿Que tal si me llevas a mi reunión y podemos hablar en el camino*". Podría ser también algo como: "*Quiero escuchar todo lo que tienes que decir con calma. Si crees que puedes esperar entonces te invito un helado cuando venga y hablamos ¿te parece?*" o si puedes, dices "*Supongo que no importará si llego un poco tarde. ¿Qué tienes en mente?*"

Una agenda no puede pesar más que el cuidado que debemos darnos. No siempre se podrá en el momento más allí mismo se deja establecida la intención de conectar y la solución.

Son en esos momento de atención única donde se crean las memorias, se establece la confianza, se tienen las conversaciones más profundas y se fortalece la unión.

La clave para crear puentes es ser intencionados y mantener prioridades porque el tiempo siempre nos faltará. Silencien el teléfono, desconéctense de las redes sociales por un rato, apaguen la TV de vez en cuando y siéntense hablar. *¿Qué puede haber en el mundo más interesante que descubrir el corazón de tu familia?*

Barrera #2: Ambientes tensos e inapropiados: La comunicación siempre será más difícil cuando la atmósfera no sea la adecuada. Las distracciones, el cansancio, el hambre, los ruidos, el enojo y el exceso de trabajo, entre otros, son elementos que pueden estar presentes en estos ambientes. Por lo general, cuando tratamos de comunicarnos en un entorno así, nos sentimos impacientes, con dolor, defensivos, ignorados o incluso, hasta enojados.

El puente es crear un buen ambiente saludable. Note la palabra que estamos usando: *crear*. Los ambiente se crean por lo que hacemos y por lo que permitimos que ocurra en ellos. Si creamos ambientes calmados, privados, cómodos y saludables, estaremos más dispuestos a cooperar, recibir y entendernos mejor. No intenten forzar una conversación, si el ambiente no está adecuado. Váyanse a la sala, al balcón, debajo de un árbol, a un parque, junto al mar, una caminata o durante unas vacaciones. Hay muchos ambientes buenos. La meta es conectar y comunicarse buscando que el ambiente ayude a esto.

Barrera #3: Selección de palabras: Las palabras que escogemos para expresar nuestros pensamientos y sentimientos, pueden representar una de las mayores barreras para una comunicación efectiva. Algunas de las palabras que usamos podrían tener un significado diferente para la otra parte o pueden ser interpretadas como un ataque o juicio hacia quien las recibe. También es común, caer en la trampa de asumir que la persona receptora comprenderá lo que quisimos decir por no ser intencionadamente precisos en la selección de nuestras palabras.

El puente es hablar con sencillez y saber escoger palabras que nos conecten. No es solo comunicar de tal manera que todos entiendan, si no también que nadie entienda mal. Es hacerlo con precisión y responsabilidad. Como dijimos anteriormente, el mensaje primero debe estar claro en nuestra propia mente y luego adaptarlo para quienes vayan a recibirlo.

Barrera #4: Ausencia de confidencialidad: La confidencialidad es la garantía de que la información compartida será protegida y no será divulgada a otros sin el consentimiento de la persona. La falta de confidencialidad puede limitar la comunicación y afectará la confianza familiar.

Por ejemplo: Imagínate que una joven de 16 años, le confiesa algo a su madre en privado y luego su madre llama a su mejor amiga y le cuenta todo. La amiga de la madre, preocupada, le pregunta a su hija si sabía algo del tema y al día siguiente toda la escuela lo sabe. *¿Cómo ustedes creen que se sentirá la joven? ¿Creen que se la hará fácil volver a contarle algo a su madre?* Lo mismo puede ocurrir en el matrimonio, entre hermanos o socios de negocios, por mencionar algunos contextos.

El puente es mantener confidencias y proteger la relación. La confianza es esencial para una buena comunicación. La forma en que construimos confianza es manteniendo confidencias. Los asuntos familiares deben mantenerse dentro de la familia. Nuestros hijos y cónyuges deben saber que no revelaremos sus secretos sin su permiso. Esto requiere también madurez emocional y control de impulso.

Barrera #5: Sarcasmo, crítica y culpa: Cuando tenemos una actitud incorrecta (Ej. sarcástica, crítica, juzgadora, culpadora, víctima, exigente, etc.), generalmente destruiremos las buenas relaciones. A nadie le gusta ser criticado, burlado o mal juzgado. Cuando tenemos estas actitudes, realmente estamos atacando a las personas y no a los problemas. Solo hagan memoria de cómo reaccionan cuando sus niños cometen algún error o sus cónyuges no actúan como esperaban.

Ejemplo 1: Un niño trae su reporte escolar con algunas calificaciones no tan buenas y sus padres lo confrontan diciéndole: "*La verdad es que eres un estudiante pobre y vago porque te pasas viendo demasiada televisión*".

Ejemplo 2: Una madre y esposa después de un día muy difícil de contratiempos, se le olvidó hacerle un favor a su esposo y este al llegar le reclama, y sin preguntar las razones, diciéndole: "*Siempre lo mismo...no puedo contar con nadie en esta casa...*"

El puente es tener sabiduría para primero buscar entender. La comunicación es para entender y ser entendidos. Nosotros tenemos resultados pero no somos los resultados. Un estudiante que sacó una mala nota, solo tuvo un resultado no deseado pero no es un fracasado. Debemos aprender a evitar interrumpir, criticar o juzgar. Cuando nos enfocamos en los problemas y las posibles soluciones sin atacar, los miembros de la familia se sentirán libres para expresar sus ideas y sentimientos sin temor de ser culpados, "*sermoneados*" o regañados.

Tensiones son naturales. Existen en todas las familias más se pueden hablar tranquilamente. No hablo de tolerar lo que se puede mejorar. Se trata de abordar lo que se puede mejorar de una forma no amenazadora. La clave es **autocontrol** y buscar **primero entender** antes de llegar a una conclusión. Enfóquense en la solución.

Barrera #6: Ignorar, prejuicio & resistencia: La práctica de ignorar rompe la comunicación familiar. A veces ignoramos los mensajes porque creemos que ya sabemos lo que nos van a decir (prejuicios). También decidimos que no queremos escuchar el mensaje (resistencia) o simplemente estamos demasiado ocupados pensando en nuestras respuestas (defensivos).

El ser humano, por instinto, busca siempre defenderse y alejarse del dolor. Entonces, cuando la comunicación en la familia tiene una *"etiqueta"*, de dolorosa, vamos a estar siempre defensivos, con prejuicios y resistentes. De hecho, la mayoría de las veces no estamos ni conscientes de esto. Posiblemente te acabas de identificar con esto. La clave es cambiarle el significado a su comunicación familiar. No están hablando con sus enemigos.

No pueden constantemente decirse: "*Aquí viene este con lo mismo*" o "*Tu siempre con...*" A esto se le llama **practicar prejuicios**. Esta actitud cierra todo puente de conexión en la familia y cuando esto pasa terminaremos buscando alianzas con otros que nos entiendan o desarrollando otras formas disfuncionales de comunicación.

El puente es respetar y cambiar el significado. Una señal de respeto es escuchar y no ignorar. Esto no solo se dice, si no que se demuestra con nuestras palabras y actitudes. Cuando respeto está presente, se abre la puerta a la aceptación y a la valorización de las opiniones. Tampoco hablamos de estar de acuerdo en todo más desde respeto podemos llegar a un acuerdo.

Otro consejo práctico: aprendan a tomar decisiones juntos como familia. Para eso, hay que preguntar y descubrir sus opiniones. Hasta los más pequeños pueden contribuir en algo y se sentirán parte del proceso. Esta integración demostrará que respetan su opinión, valoran lo que piensan y sienten. Expresen respuestas como "*Me alegro de que hayas dado esa idea*" o "*Esa es una buena observación*. Ahora, recuerden que son solo opiniones y no órdenes.

Conclusión: Reconocer nuestras barreras y comprender cómo se pueden superar, nos ayudará a expresar el amor que nos sentimos. Y cuando la comunicación se utiliza como vehículo para expresar el amor, se convierte en una fuerza poderosa para unir y fortalecer nuestras familias.

1 Corintios 14: 9-11 dice:

"Así también vosotros, si por la lengua no dierais palabra comprensible, ¿cómo se entenderá lo que se habla? Porque estaréis hablando al aire. Tantas clases de voces hay quizás en el mundo, y ninguna carece de significado, pero si no entiendo el significado de la voz, seré un extranjero para el que habla, y el que habla, un extranjero para mí"

Preguntas Guías Para Conversar

Pregunta 1: Lean en voz alta 1 Corintios 14:9-11 y conversen en sus propias palabras que les llamó más la atención, que significa para ustedes estos versículos y que Pablo nos está enseñando aquí.

Pregunta 2: ¿Cuáles de las seis (6) barreras ustedes identifican que podría ser las más frecuentes en su familia? Discutan que efecto tiene esas barreras entre ustedes.

Pregunta 3: ¿Por cuál de las barreras deberían comenzar a trabajar primero? ¿Cuál sería un buen primer paso para comenzar a crear puentes?

¡Acción!

Ejercicio 1: Este ejercicio requiere madurez, asertividad y control de impulso. Se llama *"retroalimentación 360"* (*del inglés "360 feedback"*) Consiste en que cada persona de la familia por turnos, primero reciba validación de todo lo extraordinario que es y hace. Luego, desde respeto, sin atacar, sin humillar, sin juicios le expresarán en qué área ellos piensan que debe crecer.

Ejemplo: Es el turno del padre recibir la retroalimentación, y su hijo le dice así: *"Papi, creo de verdad que eres un padre excelente. Eres un buen proveedor y esposo y un líder en la iglesia, Creo que puedes crecer en aprender a controlar tu impulso y cómo nos dices las cosas a veces"* La persona que está recibiendo las palabras solo dirá *"Te escuche, lo recibo y gracias"*. ¡Mas nada! No lo tornen personal, ni se tornen defensivos o vengativos en su turno. La única meta es crear consciencia y descubrir los puntos ciegos de nuestras conductas.

Entren a: **www.FamiliasReales.org**

Busquen y vean en nuestra página, el video titulado *"Validación"*. Practiquen en la semana esta técnica de validación con 5 personas fuera de su familia.

Oremos Juntos:

Cierren la sesión orando juntos y declarando que Dios les da el discernimiento para identificar las barreras y el poder para crear puentes en su comunicación.

SEMANA 5

CONFIANZA

Verso Clave:
"No trames el mal contra el prójimo que habita confiado junto a ti"
(Proverbios 3:29)

Meta: Como ser y practicar confianza en el hogar

Objetivos:

- Definir qué es y no es confianza
- El valor de la confianza en relaciones familiares
- Etapas de desarrollo de la desconfianza
- 10 prácticas que aumenta la confianza

Hablemos De Confianza

- Podemos definir confianza como la *"esperanza firme que una persona tiene en que algo o alguien suceda, sea o funcione de una forma determinada frente a una situación específica"*.

- **Por ejemplo:** *"Voy a contarle todo a mi padre, tengo la confianza que me entenderá y me ayudará"* o *"Voy a expresar como me siento a mi cónyuge y sé que no seré criticado(a)"*.

- Sin una buena y sana comunicación, es prácticamente imposible desarrollar confianza en nuestras familias.

- La confianza debe ser central en un hogar. Es allí donde comenzamos nuestra aventura de vida, desarrollamos nuestras destrezas afectivas, nos sentimos seguros y aprendemos a socializar.

- Hogares que no fomentan la confianza, podrían provocar personas que desconfiarán de otros, timidez, aislamiento, dificultad para expresar afecto y sentimientos, pobres destrezas sociales (ser y tener amigos) y tendrían una visión amenazante del mundo. Es evidente la importancia de la confianza en el hogar.

El Valor De La Confianza En La Familia

- Ayuda a desarrollar sana autoestima
- Hace sentir a los miembros seguros
- Se potencia el desarrollo emocional y afectivo
- Elimina el miedo para expresarse
- Facilita salir de las crisis más rápido
- Se crea la apertura para pedir ayuda
- Se generan vínculos sanos, que son la base de un estilo de apego seguro
- Se crea el ambiente ideal para el crecimiento y aprendizaje (*La ciencia dice que en ambientes positivos se aprende más rápido*)

Un Veneno Llamado Desconfianza

- La desconfianza se define como una emoción negativa que implica la falta de seguridad sobre las acciones y actitudes que una persona puede tener hacia otra.

- Es la creencia negativa sobre la conducta de otro individuo que tiene como base suponer que el otro va a actuar mal. (*defensividad alimentada por prejuicios*). Los prejuicios y las creencias negativas son la comida favorita de la desconfianza.

- **Por ejemplo:** Decir *"Me imagine que harías esto otra vez" "No me sorprendes, en ti no se puede confiar"*.

- La desconfianza, por lo general, no se establece por un solo evento o nace de la noche a la mañana. Realmente, es la acumulación de varios pequeños eventos a lo largo del tiempo.

- **Por ejemplo:** Una promesa rota, críticas en vez de apoyo, agresividad en vez de paciencia, falta ética con un asunto o ausencia de esfuerzo cuando más se necesitaba son algunos de los *"ladrillos"* que van construyendo este *"muro"* llamado desconfianza.

- La primera meta de esta parte es que identifiquen conductas que pueden estar generando desconfianza entre ustedes. Recuerden que muchos de nuestros comportamientos son motivados por el inconsciente. En otras palabras, no nos damos cuenta de lo que hacemos y el porqué de ellos. Segundo, al reconocer este tipo de patrones de comportamiento, puede tener ahora la oportunidad de abordar la situación antes de que la desconfianza eche raíces en su hogar.

Desarrollo De La Desconfianza

Etapa 1: Todo comienza con la duda. Es cuando comienzan a sentir una ligera incomodidad sobre la confiabilidad entre ustedes. Es aquella sensación que te hace detenerte un poco aunque no sabes identificar exactamente qué es lo que les ocasiona ese sentimiento.

Etapa 2: Cuando la duda no es resuelta, se transforma en sospecha. La sospecha es simplemente una creencia sin evidencias. Han comenzado a ver un patrón de comportamiento que pareciera indicarles que hay falta de confianza, pero no tienen las pruebas suficientes para llegar a una conclusión.

Etapa 3: La tercera etapa es la ansiedad. Es un sentimiento de sospecha ya madura y que se manifiesta ahora fisiológicamente (*se siente en el cuerpo*). Cuando tratas con alguien en quien no confías, puedes experimentar nerviosismo, latidos cardíacos rápidos, sudoración, ira, un "*nudo*" en el estómago o asco, entre otros.

Etapa 4: Miedo es la cuarta etapa. Cuando la desconfianza está a este nivel, sienten miedo de mostrar vulnerabilidad. En otras palabras, no se atreven a hablar, expresar sentimientos, revelar secretos o pedir opiniones. Puede llegar al punto de temer por su bienestar emocional.

Etapa 5: La última etapa es la Autoprotección. El miedo descontrolado les hacen poner muros entre ustedes para evitar la proximidad. Es un acto de pura sobrevivencia. Sin confianza, no habrá ningún tipo de conexión.

Otros **comportamientos asociados** a esta etapa son: aislamiento, reservado (*no abren la boca para nada*) y la sobre actividad en otras cosas menos en las relaciones familiares (*deportes, se involucra con excesivas actividades fuera de la casa, se queda trabajando tiempo extra para no llegar a la casa, etc.*). También podrían desarrollarse patrones de conductas problemáticas como manipulación, mentir compulsivamente, conductas de riesgo, comer en exceso, beber demasiado y adicciones, entre otras.

10 Prácticas Que Aumenta La Confianza

1. Desarrollen una comunicación efectiva y positiva, basada en la asertividad, la empatía, la escucha activa y el respeto.

2. Si los miembros de la familia perciben que son escuchados, no estarán defensivos o se sentirán atacados. Cuando se demuestra atención e interés, se sentirán cómodos para expresarse, comunicarse y ser naturales.

3. Exprésense con confianza, sin mentiras y sin ocultar sus emociones. ¡Sean genuinos!

4. Eviten juzgar, etiquetar, minimizar situaciones y comparar. Todas estas acciones predisponen un clima tenso, ya que generan emociones negativas y malestar psicológico.

5. Créanse entre ustedes. Cuando alguien cree en nosotros, creeremos en nosotros mismos.

6. Empleen el sentido del humor. Usen bromas y chistes sin ser crueles o caer en la humillación. El sentido del humor genera emociones positivas y hacen que las personas se sientan cómodas.

7. No se limiten en expresar con gestos y palabras su afecto. Amor es mucho más que decirlo, tiene que ser demostrado.

8. Si hay reservas, dudas o desconfianza, no fuercen a nadie a confiar. La confianza es algo que se demuestra, se gana y se sostiene a través del tiempo. Tratar de forzarla creará más tensión y desconfianza.

9. Expresen atención no dividida, con interés y libre de distracciones. Esto refuerza el sentido de confianza, aunque el tema les pueda parecer sin importancia.

10. Respeto, respeto y respeto. Respeta los espacio. Respeta y protege la información que te haya contado. Demuestra respeto haciendo lo que prometiste que ibas a hacer.

- Hagamos como dice Mateo 5:37: *"Pero sea vuestro hablar: Sí, sí. No, no. Porque lo que es más de esto procede del maligno"*

Preguntas Guías Para Conversar

Pregunta 1: Basado en su experiencia diaria de familia, definan en sus propias palabras lo que es confianza.

Pregunta 2: Hagan una lista de diez (10) acciones que en su familia representan confianza (*cosas que ustedes dicen y hacen que lo demuestren. **Ejemplo:** cuando llaman para decir que van a tardar en llegar a la casa por un imprevisto*)

Pregunta 3: ¿Cuáles posibles palabras y comportamientos podrían estar generando desconfianza entre ustedes?

Pregunta 4: Si hay algunas de estas prácticas presentes, ¿Qué efectos están creando en su familia?

Pregunta 5: ¿Identifican alguna de las cinco (5) etapas de la desconfianza dentro de la familia?.

Ejemplo: Puede ser que entre esposo y esposa no haya desconfianza pero entre la hija mayor y la madre la desconfianza está en la etapa de *"ansiedad"*. Pueden darse diferentes dinámicas. Evalúen sus relaciones con sinceridad.

Pregunta 5: De las 10 prácticas para aumentar confianza, ¿Cuáles les llamó más la atención? ¿Cuáles de ellas entienden que necesitan practicar más frecuentemente?

¡Acción!

Ejercicio 1: Cada miembro de la familia debe practicar diariamente por 1 semana una de las prácticas para aumentar la confianza. Repítanla diariamente con diferentes personas y contextos hasta que se haga natural en ustedes.

Ejercicio 2: Busquen un lugar amplio y cómodo para practicar estos ejercicios. Escojan por lo menos dos (2) de ellos y háganlo divertido.

Visiten **www.FamiliasReales.org** y procuren allí el video demostración titulado *"Juegos de Confianza"*

Oremos Juntos:

Cierren la sesión orando juntos como familia declarando que el nivel de confianza entre ustedes aumentara aún más.

SEMANA 6

EMOCIONES

Verso Clave:
"Ciudad invadida y sin murallas, es el hombre que no domina su pasión"
(Proverbios 25:28)

Meta: Aprender sobre nuestras emociones y como manejarlas con inteligencia.

Objetivos:

- Fundamentos acerca de las emociones
- 9 necesidades emocionales en la familia
- La inteligencia emocional en la familia
- Versos bíblicos para el manejo emocional

Fundamentos De Las Emociones

- Las emociones son las reacciones que todo ser humano experimenta en respuesta a eventos o situaciones.

- Uniendo varias definiciones psicológicas, podemos decir una emoción es un estado psicológico complejo que involucra tres componentes distintos: *una experiencia subjetiva, una respuesta fisiológica y una respuesta conductual o expresiva.*

- En palabras más simples, experimentar una emoción tiene base en lo que pensamos, la sentimos en el cuerpo y nos mueve a la acción. De hecho, la raíz de la palabra es del Latín *"exmovre"* que significa *"moverse o mudar"*. La *"E"* es *"estado"* y *"moción"* es *"movimiento"*. Emoción es un estado para la acción.

- Las emociones son reflejo de lo que pensamos. Toda información que internalizamos a través de nuestros sentidos, se convierte en pensamientos. Lo que pienso, lo siento. Lo que siento, lo hago. *¿Vieron la secuencia?*

- Entonces, para cambiar lo que hacen, deben cambiar primero lo que sienten y lo que sienten cambiará, cuando piensan diferente.

- El tipo de emoción que experimentamos está determinada por la circunstancia que desencadena la emoción. (*Los famosos "gatillos emocionales"*). Se espera que una persona experimente alegría cuando recibe buenas noticias y que experimente miedo cuando es amenazada.

- Las emociones tienen una fuerte influencia en nuestra vida diaria. Nuestras decisiones están basadas en sí estamos felices, enojados, tristes, aburridos o frustrados. Elegimos actividades y pasatiempos en función de las emociones.

- Según el Dr. Robert Plutchik, nuestras emociones humanas básicas son: **Aceptación, Disgusto, Miedo, Coraje, Alegría, Tristeza, Sorpresa y Expectativa.**

- Por eso deben recordar siempre: "*Ustedes tienen emociones pero las emociones no los pueden tener a ustedes*" No pueden vivir conducidos por lo que sientan.

- Por eso, necesitamos conocer y aprender a manejar con inteligencia emocional nuestros estados. Comprender las emociones nos ayudará, como familia, a:

1. Navegar la vida familiar con mayor facilidad
2. Tendremos mayor estabilidad
3. Ejercitamos el dominio propio
4. Cubriremos las necesidades emocionales

¿Qué Son Necesidades Emocionales?

- Las necesidades emocionales son sentimientos o condiciones que necesitamos para sentirnos felices, realizados o en paz. Sin ellas, podemos sentirnos frustrados, heridos o insatisfechos.

- Como humanos, buscamos instintivamente nutrición emocional de la misma forma que buscamos comida y agua. No existe una persona en este mundo que no necesite ser correspondido emocionalmente.

- Cada persona en su familia tiene su propio conjunto único de necesidades emocionales. El propósito de esta sección es que puedan identificar cuales son las principales suyas y como aprender a suplirlas.

Necesidad 1 – Seguridad: Necesitamos un lugar seguro, un entorno que nos permita desarrollarnos sanamente sin experimentar miedo o amenaza.

Necesidad 2 – Voluntad: Para sentirnos realizados, necesitamos sentir que tenemos el poder de existir de manera autónoma y dirigir nuestras propias vidas. Necesidad de establecer límites más claros.

Necesidad 3 – Atención: Recibir atención de las personas que nos importan y darles atención a cambio es valioso. También prestarse atención a uno mismo es igualmente importante.

Necesidad 4 – Conexión emocional: Para estar emocionalmente satisfechos, necesitamos sentirnos conectados con otras personas. Necesitamos experimentar la amistad, el amor y la intimidad.

Necesidad 5 – Conexión con la comunidad: Somos criaturas sociales, y nuestro cerebro es un órgano social. Desde la antigüedad el ser humano ha vivido en comunidades, aunque hoy día tendemos a vivir más aislados. Necesitamos sentirnos conectados a algo más grande que nosotros mismos.

Necesidad 6 – Privacidad: El bienestar mental y emocional requiere que tengamos tiempo y espacio suficientes para reflexionar y aprender de nuestras experiencias. Tiempo y espacio personal.

Necesidad 7 – Un sentido de sí mismo: No basta con pertenecer a un grupo. Necesitamos tener un sentido claro del nuestro valor dentro de la dinámica de ese grupo. Saber que estoy aportando en ese espacio.

Necesidad 8 – Sentido de logro: Para mantener nuestra autoestima, necesitamos tener la sensación de que estamos logrando cosas de valor. En otras palabras, hablamos de resultados, premios, promociones o conquistas en alguna área personal.

Necesidad 9 – Significado: En la misma línea que sentir que estamos logrando cosas de valor, todos necesitamos tener la sensación de que somos parte de algo más grande que nosotros mismos, teniendo un conjunto coherente de creencias sobre la vida y para qué sirven. Es cómo nos definimos y cuales son nuestros códigos de vida / ideologías.

- Comprender cuales son nuestras necesidades emocionales nos capacita para hacernos felices y puede aliviar una sensación de impotencia que a veces sentimos en nuestras casas.

- Ahora, en lugar de pensar que hay algo "*mal*" entre nosotros, podemos preguntarnos: "*¿Qué necesidades emocionales no se están satisfaciendo en nuestra familia?*" Necesidades insatisfechas es el principal combustible para los conflictos.

- El adquirir esta consciencia de validar lo que sentimos y reconocer lo que otros sienten, requiere de Inteligencia Emocional Familiar.

Inteligencia Emocional Familiar

- La familia es donde ocurren nuestros primeros y más fuertes recuerdos emocionales. Por eso la **Inteligencia Emocional (EQ)** juega un papel sumamente importante porque fomenta la intimidad y la conexión. Sin inteligencia emocional, el contacto familiar se convierte en una carga, porque nadie se siente cómodo pasando mucho tiempo con *"extraños"*.

¿Por Qué Desarrollar la Inteligencia Emocional?

- Nos torna más asertivos sin ofender
- Nos permite tomar conciencia de nuestras propias emociones y cómo nos afectan.
- Nos enseña autocontrol (*dominio propio*) por lo que podemos manejar emociones negativas exitosamente.
- Nos da capacidad para automotivarnos.
- Desarrolla la empatía. (*capacidad de ponernos en el lugar del otro*)
- Nos ayuda a comprender los sentimientos de los demás.
- Mejora nuestra capacidad de trabajar en equipo.
- Mejora la convivencia con nuestro entorno.

10 Consejos Para Elevar La Inteligencia Emocional Familiar

Consejo 1 - Cuiden su salud, si desean cuidar a otros: Cuanto más exigente sea su tiempo de familia, más necesitarán adaptarse al descanso, buena alimentación y al ejercicio. Tal vez como familia puedan buscar maneras de hacer esto juntos.

Consejo 2 – Escuchen, si esperan ser escuchados: La falta de comunicación es la queja más fuerte en la mayoría de las familias. La respuesta a *"¿Por qué no me escuchan?"* puede ser simplemente porque *"no los estás escuchando primero"*.

Consejo 3 – Enseñen a elegir las emociones: Manejen sus estados de ánimo validando lo que sienten, pero no manifestando todos los comportamientos. Modele un comportamiento que respete y fomente los sentimientos y derechos de los demás, pero que deje en claro que siempre tenemos una opción sobre qué hacer con lo que sentimos.

Consejo 4 - Enseñen generosidad recibiendo y dando: Dar y recibir son partes del mismo proceso de expresar amor. Si no damos, nos resultará difícil recibir, y si no podemos recibir, realmente es porque no tenemos mucho que dar. Cultiven un espíritu de gratitud con cada gesto que reciban.

Consejo 5 - Asuman responsabilidad de lo que comunican sin palabras: Más que nuestras palabras, el tono de voz, la postura y las expresiones faciales transmiten nuestros sentimientos. Debemos mirarnos al espejo mientras estemos comunicando para ver si nuestras palabras y nuestro cuerpo dicen lo mismo. Las palabras amorosas que vienen a través de los dientes apretados no se sienten amorosas, se sienten confusas. Esta consciencia es importante.

Consejo 6 - No traten de resolver los problemas de sus seres queridos: Cuidar a su familia no significa hacerse cargo de todos sus problemas, dar consejos cuando no te los estén pidiendo o protegerlos de sus propias emociones. Háganse saber sus fortalezas, guíalos a que descubran las soluciones y permíteles que pidan lo que necesitan, si lo desean.

Consejo 7 – Sean intencionados en causar una impresión duradera a través de las acciones: Sus valores familiares serán comunicados por sus acciones, sin importar lo que digan. Sean un ejemplo entre ustedes, no una molestia.

Consejo 8 - Reconozcan sus errores ante todos: Esto requiere valentía. Se debe hacer incluyendo a los miembros más jóvenes de la familia. Decir *"por favor, perdónenme"* cuando lastimas a alguien que amas, modela la humildad y la integridad emocional. Demuestran que nadie es perfecto y esta exento de fallar. Disculparse demuestra que puedes perdonarte a ti mismo y hace más fácil que los demás también perdonen.

Consejo 9 – Sean intencionados en descubrir cuáles son las necesidades únicas de cada persona: En la sección anterior, te ofrecimos una lista de necesidades emocionales que pueden usar para aplicar este consejo. No asuman que todos necesitan lo mismo y expresado de la misma forma. En caso de duda, simplemente ¡pregunten!

Consejo 10 – Sean generosos al expresar amor: Todos en una familia (*especialmente los niños pequeños*) necesitan la tranquilidad emocional de palabras, gestos y miradas amorosas. Aquellos que exigen la menor atención emocional pueden necesitarla más.

Versos Bíblicos Sobre Manejo Emocional

Filipenses 4: 6-7 – *"Por nada estéis angustiados, antes bien, por la oración y la súplica, en todo sean conocidas ante Dios vuestras peticiones con acción de gracias, y la paz de Dios, que sobrepuja todo entendimiento, guardará vuestros corazones y vuestros pensamientos en Jesús el Mesías"*

Proverbios 29:11 – *"Desfoga el necio todas sus pasiones, pero el sabio dentro de sí las aquieta"*

Proverbios 15:18 – *"El hombre iracundo provoca contiendas, pero el que tarde se enoja, apacigua la rencilla"*

Eclesiastes 3:4 – *"Tiempo de llorar y tiempo de reír, Tiempo de endechar y tiempo de bailar"*

1 Pedro 5:7 – *"Echando toda vuestra ansiedad sobre Él, porque Él tiene cuidado de vosotros"*

Santiago 5:13: *"¿Está afligido alguno entre vosotros? Ore. ¿Está alguno alegre? Cante alabanzas"*

Proverbios 15:13 – *"Un corazón alegre hermosea el rostro, pero el dolor del corazón abate el ánimo."*

Efesios 4:26-27 – *"Airaos, pero no pequéis; no se ponga el sol sobre vuestro enojo, ni deis lugar al diablo"*

Santiago 1:19-20 – *"Todo hombre sea pronto para oír, tardo para hablar, tardo para la ira; porque la ira del hombre no obra la justicia de Dios"*

Proverbios 16:32 – *"Más vale paciencia que valentía, y dominarse que conquistar una ciudad"*

Gálatas 5:22-23 – *"Pero el fruto del espíritu es amor, gozo y paz; paciencia, benignidad y bondad; fidelidad, mansedumbre y templanza; en contra de tales cosas, no hay ley"*

Preguntas Guías Para Conversar

Pregunta 1: De las emociones humanas básicas, ¿Cuales son las emociones más frecuentes en su hogar? ¿Hay alguna que este fuera de control?

Pregunta 2: ¿Cuales son los *"gatillos"* que disparan esas emociones entre ustedes?

Pregunta 3: ¿Estaban conscientes de cuales eran las necesidades emocionales en su familia? ¿Cuál es el riesgo de no saber corresponder a estas necesidades?

Pregunta 4: Discutan tres(3) beneficios que ustedes experimentarían si desarrollaran más la Inteligencia Emocional

Pregunta 5: ¿Cuales de los consejos para elevar la Inteligencia Emocional les impactó más y por que?

Pregunta 6: ¿Cuales de estos consejos necesitan practicar más como familia?

¡Acción!

Ejercicio 1: Hagan una lista de las tres(3) necesidades emocionales principales de cada miembro de su familia. Luego, escriban debajo de cada una de ellas, por lo menos 2 formas de suplir esa necesidad. Si no saben, pregúntele a la persona que la dijo, lo que para él o ella sería ideal.

Ejercicio 2: Las emociones negativas se despiertan por su conexión a estímulos específicos (*gatillos*). Pensando en esto, hagan una lista de los "*gatillos emocionales*" más frecuentes en su hogar y escriban que pueden hacer diferente para evitar activar esas emociones negativas.

Ejercicio 3: De la lista de consejos para elevar la Inteligencia Emocional, escojan dos(2) de ellos que practicarán activamente durante toda la semana. Anoten su aprendizaje.

Oremos Juntos:

Cierren la sesión orando juntos como familia que sus emociones serán saludables y que tenemos el dominio propio para manejarlas.

SEMANA 7

CONFLICTOS

Verso Clave:
"Bienaventurados los que procuran la paz, porque ellos serán llamados hijos de Dios"
(Mateo 5:9)

Meta: Aprender a manejar situaciones de conflicto de forma saludable.

Objetivos:

- Definir qué es conflicto familiar y su naturaleza
- 7 causas de conflictos en la familia
- Formas inefectivas de manejar conflictos
- Prácticas efectivas para manejar conflictos

Definamos Conflicto Familiar

- Cuando las familias se reúnen, esperamos momentos divertidos teniendo el amor y la unión como centro. Sin embargo, aun en momentos de esparcimiento pueden manifestarse diferentes tipos de conflictos familiares.

- Con esto queremos decir que los conflictos hacen parte de la naturaleza humana. Muchas veces no se podrán evitar. Lo que nos hará fuerte es confiar y aprender a manejar el conflicto cuando llegue. Por eso Jesús dijo *"Estas cosas os he hablado para que en mí tengáis paz. En el mundo tenéis aflicción, pero confiad, Yo he vencido al mundo"* (Juan 16:33)

- La paz no debe ser confundida con la ausencia de conflictos. Conflictos siempre tendremos más la paz es sentir y tener autocontrol en medio del conflicto.

- El conflicto es un desacuerdo entre dos o más personas que poseen puntos de vista diferentes sobre un asunto. Aunque generalmente se considera negativo, el conflicto resuelto puede también traer aprendizaje a la familia.

- **Por ejemplo**: El conflicto resuelto puede ayudar a mejorar la comunicación y la confianza cuando es bien manejado. Como dice el refrán: *"lo que no nos mata, nos hace más fuertes"*

- Hay dos tipos de conflicto que pueden ocurrir dentro de una familia: *conflicto constructivo* (aquel que añade valor o aprendizaje) y el *conflicto disfuncional* (que destruye y limita)

- La definición de *conflicto constructivo* se refiere a los desacuerdos saludables y funcionales que ocurren entre dos o más personas. El *conflicto constructivo o funcional* es generalmente un escenario de ganar-ganar donde se emplea la crítica constructiva, empatía y el buscar entender para ser entendido. Al final, el resultado es crecimiento.

- La definición de *conflicto disfuncional* se refiere a un desacuerdo entre dos o más personas que trae daño. Es caracterizado por la presencia de la negatividad, egoísmo y motivaciones de venganza. Las partes no tienen una intensión de resolver o aprender. Genera distanciamiento, coraje y tensión emocional, entre otros.

- Muchas personas cuando escuchan la palabra *"conflicto"* lo asocian con golpes o agresión. Aunque hay conflictos que llegan hasta estos extremos, un conflicto es simplemente una diferencia mal manejada.

- Otro mito que nos gustaría desmentir está asociada al concepto de la violencia. Propiamente definida, violencia *"es el acto intencional de imponer una voluntad sobre otros"*. No necesariamente involucra golpes o daño psicológico, lo cual se llamaría **agresión**. La verdad es que sin darnos cuentas podemos estar expresando violencia lo cual generará conflictos.

- **Ejemplos:** Están todos en familia en la sala viendo TV, y el padre pone la película que él desea ver sabiendo que a nadie más le gusta. El hijo baja mucho la temperatura del aire acondicionado de la casa porque solo él tiene calor. Ir a cenar a un lugar donde para algunos hay mucha variedad de platos y para otros no porque no les gusta o alergias. Tener el radio del carro encendido con una buena música y el pasajero lo apaga sin preguntar. Todos estos son también ejemplos de violencia.

- Cuando el equilibrio es quebrantado, cuando la voluntad de alguien es violentada, cuando nuestra capacidad de decisión es anulada, siempre vamos a reaccionar y no siempre de la mejor forma. Es nuestra naturaleza instintiva. Estos actos conscientes o inconscientes de violencia pueden estar alimentando una atmosfera de conflicto en sus casas.

- La clave es mantener el **equilibrio**, el **respeto**, la **consciencia** de que vivimos al lado de otras personas con diferentes perspectivas de la vida. El conflicto no se manifiesta por coexistir y ser diferentes. Si fuese así, no nos llevaríamos con nadie porque todos somos diferentes. Se manifiesta cuando yo trato de imponer mi perspectiva, mis gustos, mis intereses, mi agenda sobre los otros.

7 Causas De Conflictos En La Familia

Causa 1 - Dinero: El conflicto viene por tener mucho y querer más como por la falta de finanzas, herencias, quien paga los gastos del hogar, cómo se usa el dinero o quién es el proveedor, por ejemplo. Puede generar resentimientos que duran largo tiempo. Puede afectar la autoestima, seguridad emocional o la percepción de progreso.

Causa 2 - Negocio familiar: El conflicto surge cuando hay falta de productividad, una actitud oportunista (*no hace nada y lo quiere todo*), las partes tienen diferentes personalidades, diferentes estilos de trabajo o por alguien querer el control. El peligro es que la tensión del negocio ahora se transfiere a la familia.

Causa 3 - Familia extendida / política: Puede incluir suegros, padres, hermanos, primos y familiares políticos (*yernos, cuñados, etc.*), entre otros. Usted no se casa solo con su cónyuge, si no con la familia de él o ella también. Es bastante común el choque de identidades y estilos cuando dos familias se unen. (*Ejemplo: dar opiniones de cómo tratar a su esposo(a), cómo criar a los hijos, cómo y en qué usar el dinero, etc.*) Conlleva tiempo, adaptación, paciencia y buena actitud para poder integrarse con un nuevo grupo familiar.

Causa 4 - Conflicto por cambios / eventos familiares: La partida de un miembro de la familia como la llegada de un hijo puede traer tensiones dado que se afecta la estructura, atención, tiempo y compartir de espacios. También cualquier evento familiar requiere planificación, trabajo, dinero y tiempo, y cuando las cosas no salen según lo planeado, puede causar mucha ansiedad.

Ejemplos: A quienes invitarán y a quienes no, quién paga qué, en cual fecha todos coincidimos y en que lugar será el evento, entre otros.

Causa 5 - Conflicto entre hermanos por el cuidado de padres: Cuando los padres envejecen, los hermanos suelen ser responsables de su cuidado. Decidir cómo y dónde es mejor el cuidado puede generar conflictos. Uno desea que estén en las casas y turnárselos y el otro piensa que debe estar en un centro de vida asistida o una comunidad de jubilados. Esta responsabilidad puede ocasionar tensión, culpa y agotamiento emocional los cuales son alimento para conflictos.

Causa 6 - Conflicto entre padrastros e hijastros: Adoptar un hijastro es un gran esfuerzo y aceptar a un padrastro es probablemente aún más difícil. Este proceso de aceptación e integración puede tomar tiempo y traer momentos de conflictos especialmente cuando se trata de disciplinar (*Ej. ¡Tú no eres mi padre para regañarme!*) o cuando la pareja tiene que tomar decisiones sobre el menor. A veces terceros (*padres biológicos o abuelos*) pueden meterse en el proceso y aumentar la tensión del proceso.

Causa 7 - Conflicto de padres divorciados por el cuidado de los niños: Lamentablemente, es común que parejas divorciadas usen a los menores como medio para manipularse mutuamente. El definir la custodia, reclamo de pensiones financieras, tiempo con los menores, privilegios que tienen en una casa y no en la otra, disciplina y/o cuidado puede generar discordia. No muchos padres divorciados logran mantener una relación cordial que no termine afectando a los menores.

Prácticas Efectivas Para Manejar Conflictos

Práctica 1: Evalúen si el *"problema"* es realmente un problema. Aprendan a escoger sus batallas y no se dejen atrapar por las cosas triviales.

Práctica 2: Ataquen el problema, no a las personas. Las personas no son el problema.

Práctica 3: Disciernan que pueden y que no pueden controlar dentro de cada situación. **Ejemplos:** no pueden controlar el tiempo, el pasado, lo que otros piensen de ustedes, entre otros.

Práctica 4: Entiendan que reconocer y escuchar no es lo mismo que obedecer.

Práctica 5: Hablen usando declaraciones con *"yo"*. Eviten usar *"tú"*, *"ustedes"*, *"nosotros"* o *"la gente"*, por ejemplo.

Práctica 6: Empiecen dándole el beneficio de la duda. Eviten llegar a conclusiones rápidas o basadas en sus prejuicios.

Práctica 7: Enfrenten la situación con calma aunque sean incómodas. Mantengan un tono uniforme y tranquilo. Escúchense hablar. Gritar solo aumentará el nivel de estrés de todos y provocará defensividad.

Práctica 8: Pregúntense si *"¿Prefieren ser felices o tener la razón?"*. No siempre podrán tener ambas. El objetivo es resolver el conflicto efectivamente, no ganar la *"pelea"*.

Práctica 9: Identifiquen las emociones tóxicas y eviten comunicarse desde ese estado. (*Ejemplo: hablar con coraje*)

Práctica 10: Creen códigos o señales para identificar que la emoción se está intensificando y que un tiempo de pausa es necesario para bajar los ánimos. (*time-out*)

Práctica 11: No se interrumpan durante una conversación de resolución de conflictos. Dejen que cada uno complete sus pensamientos y escúchense con respeto.

Práctica 12: Recuerden que escuchar a alguien y reconocer su posición no equivale a obedecerlo o tener que ceder ante él / ella.

Práctica 13: Háganse preguntas para asegurarse de que comprenden las preocupaciones, objeciones, ideas y puntos de vista de las otras personas.

Práctica 14: Dejen que les hagan preguntas por la misma razón y respondan honestamente sin ponerse a la defensiva.

Práctica 15: Resistan el impulso de arrastrar al conflicto actual, otros asuntos pasados o sentimientos no resueltos.

Práctica 16: Piensen juntos en soluciones y encuentren áreas en las que puedan llegar a compromisos.

Práctica 17: Confirmen que todos tengan clara y entiendan la solución que hayan encontrado. No asuman que todos entienden o están satisfechos.

Práctica 18: Piensen que cambios simples y progresivos traerán mejores resultados. Es un proceso, no un evento instantáneo.

Práctica 19: Tengan paciencia, tolerancia y practiquen perdón mientras los cambios llegan.

Práctica 20: Siempre ahora es el mejor momento para comenzar a cambiar. No dejen que el conflicto eche raíces porque se hará más fuerte y más difícil de eliminar. Identifiquen los patrones y enfréntenlos aunque necesiten terceros que los puedan ayudar.

Preguntas Guías Para Conversar

Pregunta 1: Busquen y estudien juntos el verso de Mateo 5:9. La palabra *"bienaventurado"* significa *"afortunado, feliz o alegría plena dada por el Padre"* o sea, la gente más feliz que existe deben ser los hijos de Padre porque saben provocar la paz.

Como familia, identifiquen que número entre el 1 y el 100 define mejor su nivel de provocación de paz. (1 es nada intencionado y 100 es la máxima intención de provocar paz)

Pregunta 2: Cuando el conflicto llega a su familia, ¿Cómo usualmente lo manejan? Hagan una lista de cinco (5) formas en que lo manejan. Puede ser de forma funcional o disfuncional. La meta es únicamente identificar la forma y no hacer un juicio o encontrar culpables.

Pregunta 3: ¿Identifican la presencia de alguna de las 7 causas de conflictos en la familia? Si identifican alguna(s), ¿Cómo lo manejan? ¿Qué efectos está dejando en su familia?

Pregunta 4: De las 20 prácticas efectivas para manejar conflictos, ¿Cuáles les llamó más la atención? ¿Cuáles de ellas entienden que necesitan practicar más frecuentemente?

¡Acción!

Ejercicio 1: Hagan una reunión familiar dentro de un ambiente tranquilo, y hablen acerca de algún patrón de conflicto presente en su hogar. Pueden usar la lista de causas, si desean y/o añadir otras. No necesariamente llegarán a una solución con solo una reunión más debe quedar el compromiso de hablar y mejorar en este tema, progresivamente.

Ejercicio 2: Cada uno, practiquen diariamente, por espacio de 2 semanas, por lo menos una de las 20 prácticas efectivas para manejar conflictos. Háganla con diferentes personas y contextos hasta que se haga parte de usted.

Ejercicio 3: Cada miembro de la familia, haga una reflexión durante esta semana e identifique cuales son los *"gatillos"* o *"botones"* que inician los conflictos en sus vidas. Cobrar consciencia de esto les hará prevenir la evolución de posibles conflictos.

Oremos Juntos:

Cierren la sesión orando juntos como familia declarando que son agentes de Paz y que los conflictos no tendrán dominio sobre ustedes.

SEMANA 8

HUMOR & PASATIEMPOS

Verso Clave:
"*El corazón alegre es una buena medicina, pero el espíritu quebrantado seca los huesos*"
(Proverbios 17:22)

Meta: Expresar el humor en familia y tener balance entre trabajo y descanso.

Objetivos:

- Que es humor y para que nos sirve
- 12 beneficios del humor en la familia
- El balance entre trabajo y descanso
- 10 versículos sobre el equilibrio trabajo / familia

Dios, Humor Y La Vida

- Algunas personas piensan que el humor sirve para todo menos para Dios y Su Iglesia. Creemos que el Padre es Todopoderoso, todo lo sabe y está en todo lugar más que no puede usar el humor cuando fue Él quien lo creo para nosotros.

- Entre las definiciones encontradas, tener sentido del humor significa *"una actitud que nos permite enfrentar las diversas situaciones de la vida sin dejarnos atravesar por el valle de la derrota"*.

- Las personas con sentido del humor son capaces de salir adelante dejándose guiar por la esperanza y la certeza de que las cosas pueden mejorar.

- Dios también desea que se diviertan, se rían juntos, expresen sus emociones con alegría y vivan plenamente. Dios **NO ES** un policía cósmico escondido detrás de una nube buscando hacerle mal a la humanidad. Tampoco es un viejo amargado de barba larga, como muchos lo describen. Nuestro Padre es la fuente de gozo y alegría.

- Dice Sofonías 3:17: "*¡YHVH tu Dios está en medio de ti! ¡Es héroe que salva! Se gozará en ti con alegría y te renovará su amor, y se regocijará contigo con cánticos de alabanza*" ¡Miren bien lo que dice este verso! Dios se goza en nosotros y siente alegría. Y como si fuera poco, se regocija junto con nosotros cuando lo alabamos. *¿No es esto poderoso?*

- También nos promete que en los momentos de pruebas, nos da risa para que sea nuestro bálsamo. Dice Job 8:21 que "*Aún llenará de risa tu boca, y tus labios prorrumpirán en gritos de júbilo*"

- Las Escrituras nos dice en Proverbios 15:13 "*Un corazón alegre hermosea el rostro, pero el dolor del corazón abate el ánimo*". Entiendan que el Padre nos da alegría porque no desea que vivamos en dolor. Por tanto, la alegría nos da fuerzas y nos hermosea.

- Como iglesia y familia, debemos redescubrir la poderosa herramienta del humor en nuestra vida. Cuando sabemos usarlo, mejorará nuestras relaciones y maximizaremos todos sus beneficios.

12 Beneficios De La Risa Y Buen Humor

Pasar un buen rato con amigos o familiares es siempre bueno para recargarse física, emocional y espiritualmente. Ese refrán que dice "*la risa es la mejor medicina*" no está lejos de la realidad. En realidad, el uso del humor tiene muchos beneficios para nuestras vidas como les presentaremos a continuación.

Beneficio 1 - Aumenta la inmunidad: Simplemente reír puede darle un impulso a su sistema inmunológico. Además de tomar suplementos, el buen descanso, hacer ejercicio regularmente y consumir vitamina D, el humor también ayuda a tu sistema de defensa natural. Un estudio publicado por el Instituto Nacional del Cáncer encontró que las personas que se ríen regularmente disminuyen las hormonas asociadas con el estrés y aumenta las células que combaten las enfermedades.

Beneficio 2 - Entrenamiento: Una buena risa hasta que les duela la barriga es casi tan buena como un buen entrenamiento. De hecho, por eso es que sientes dolor después de activar los músculos abdominales. Reír con fuerza aumentará su frecuencia respiratoria, rítmo cardíaco y aumentará su consumo de oxígeno.

Beneficio 3 - Mejora la salud del corazón: Si bien hacer ejercicio y comer bien son importantes para un corazón sano, también reír lo es. Estudios efectuados por la Clínica Cleveland descubrió que reír aumenta inmediatamente el flujo sanguíneo a su corazón. El aumento de flujo sanguíneo de forma regular puede ayudar a reducir problemas relacionados con el corazón.

Beneficio 4 - Alivia el estrés: Un buen momento de sano humor ayuda a aliviar las tensiones. Sabemos que el exceso de estrés causa daño progresivo y es casi imperceptible el efecto a nuestro cuerpo. Mucho estrés significa mucha necesidad de reírte. El efecto lo sentirán casi instantáneo y mejorará el estado de ánimo. Cuando su estado de ánimo mejora, es mucho más fácil manejar los problemas de la vida que podrían estar enfrentando.

Beneficio 5 - Despeja la mente: Estudios recientes confirman que el buen humor y la risa ayudan a crear un estado en nuestro cerebro que provoca que pensemos con más claridad. De hecho, este estado habilidoso también es ideal para el aprendizaje y la conducción neural. Si están luchando por concentrarse o tiene un bloqueo mental, un buen momento de humor les va a ayudar.

Beneficio 6 - Analgésico natural / reducción de dolor físico: Es bien probable que te hayas caído, y aunque realmente duele, te comienzas a reír de lo que te paso. Esa es una respuesta natural de tu cuerpo que te ayuda a reducir el dolor. La risa libera una hormona llamada *endorfina* que te ayuda a sentirte mejor.

Beneficio 7 - Creatividad: El humor y la risa libera la creatividad. Si están atrapados en una rutina y quieren aumentar tu creatividad, intenta reírte. La risa los relajará y emocionalmente los hará sentir más seguros y enfocados. Cuando se sienten así, sus cerebros se tornarán más creativos.

Beneficio 8 - Quemador de calorías: El ejercicio es la forma más conocida de quemar calorías pero no es la única. Estudios demuestran que reír entre 10 a 15 minutos al día puede quemar hasta 50 calorías. No parece ser mucho más eso equivale a perder 4 libras al año.

Beneficio 9 - Disminuye la presión arterial: Cuando la risa reduce el estrés, también mejora la presión arterial alta según el Journal of Research in Medical Science. La presión arterial alta puede conducir a muchos problemas de salud, incluido el desarrollo de enfermedades cardíacas.

Beneficio 10 - Ayuda a aliviar la depresión: Cuando una persona está pasando por un estado depresivo, posiblemente una de las cosas que menor querrá hacer es reírse. Recuerden que en la depresión pueden estar presentes sentimientos de desesperanza y pesimismo. Estudios demuestran que la risa ayuda significativamente a aliviar algunos de los síntomas depresivos hasta un 60% más rápido.

Beneficio 11 - Ayuda con la pérdida de memoria: Con el tiempo y el estrés, es probable que nuestra memoria se vaya afectando. Si bien la risa no es una cura para el Alzheimer o la demencia, puede ayudar a combatir la pérdida de memoria. El humor, especialmente cuando es consumido de forma visual (*Ejemplo: videos chistosos*), ejercita áreas del cerebro relacionados a la memoria.

Beneficio 12 - Reduce la inflamación: Varios de los problemas más comunes de la salud están asociados a inflamaciones (*Por ejemplo: coágulos enfermedades cardíacas, artítris y diabetes*). Los estudios han encontrado que la risa ayuda al cuidado de la diabetes, mejora el colesterol y ayuda a reducir las inflamaciones.

10 Versículos Sobre El Equilibrio Entre El Trabajo, Descanso Y Familia

- En segundo plano, también debemos crear consciencia de la importancia de tener balance entre trabajo y nuestro tiempo de diversión y descanso.

- No todo puede ser trabajo. Necesitamos tener tiempos para distraernos, divertirnos, pasar tiempo juntos y descomprimir las tensiones. A veces este tiempo no aparecerá por "*todo lo que tenemos*" que hacer. Sin embargo, hay que encontrarlo y tórnalo una prioridad.

- Mantener un balance entre el trabajo y la vida familiar significa priorizar por igual las demandas de su carrera / profesión y las de su vida personal. Requiere también tener una buena disciplina, mantener enfoque en lo importante, saber manejar el tiempo y desarrollar la sabiduría de colocar límites cuando sean necesarios. ¿Qué dice las Escrituras acerca de este tema?

Eclesiastés 4:6 – "*Más vale un puñado de sosiego, que ambos puños llenos de trabajo y de correr tras el viento*"

Filipenses 4: 6-7 – *"Por nada estéis angustiados, antes bien, por la oración y la súplica, en todo sean conocidas ante Dios vuestras peticiones con acción de gracias, y la paz de Dios, que sobrepuja todo entendimiento, guardará vuestros corazones y vuestros pensamientos en Jesús, el Mesías"*

Salmos 127:2 – *"En vano es que os levantéis de madrugada, y tarde vayáis a descansar, Y que comáis el pan de afanes, Pues lo dará a su amado mientras duerme"*

Proverbios 23:4 – *"No te afanes por hacer riquezas, sé prudente, y desiste"*

Hebreos 13:5 – *"Vuestra manera de vivir sea sin avaricia de dinero, estad satisfechos con las cosas que tenéis, porque Él dijo: No te dejaré ni te desampararé"*

Filipenses 4:11 – *"No lo digo movido por la necesidad, porque he aprendido a estar satisfecho con lo que tengo"*

3 Juan 2 – *"¡Oh amado, anhelo que en todas las cosas seas prosperado y tengas salud, así como prospera tu alma!"*

Éxodo 33:14 – *"Y Él dijo: ¿Mi presencia habrá de ir contigo y darte reposo?"*

Salmos 122:7 – *"Haya paz dentro de tus muros, y tranquilidad en tus palacios"*

Éxodo 16:23 – *"Y él les dijo: Esto es lo que YHVH ha explicado: Mañana es shabbat, shabbat santo para YHVH. Lo que habéis de hornear, hornead, y lo que habéis de cocinar, cocinad, y todo lo que sobre, depositadlo para conservarlo hasta la mañana"*

Conclusión:

- Aunque si bien es cierto que las Escrituras nos invita a esforzarnos (Josué 1:6) y a trabajar sabiamente como las hormigas (Proverbios 30:25), no todo en la vida es trabajo.

- A veces por el afán de conquistar y tener un mejor estilo de vida, terminamos perdiendo de perspectiva lo que realmente es valioso. No está incorrecto aspirar por algo mejor pero cuidado con terminar sacrificando su salud, su tiempo, ustedes como familia o todas las anteriores por el afán de lograr. Al final, quizás lo consigan pero no tendrán ni fuerzas, ni salud, ni con quién celebrar su anhelada victoria.

- Como dicen los versos anteriores, aprendamos a descansar, a colocar limites saludables entre trabajo y vida familiar y sobre todo a confiar en la provisión perfecta de Padre.

- Pasen más tiempo riéndose y menos tiempo preocupados y con estrés. Saquen tiempo para celebrar, para ir al parque, ejercitarse, ver un poco de Netflix o simplemente sentarse y ver el amanecer en familia.

- Seamos intencionados en construir memorias y disfrutar el proceso. *¿Qué vendrán días menos alegres?* ¡Claro...es normal! Pero que sean los recuerdos alegres los que nos sostenga mientras pasamos por la prueba. Bien lo dijo Nehemías cuando escribió que *"...el gozo de YHVH es vuestra fortaleza!"* (Nehemías 8:10).

Preguntas Guías Para Conversar

Pregunta 1: Estudien juntos el verso de "*Un corazón alegre hermosea el rostro*" (Proverbios 15:13a). Pregúntense: ¿Qué cosas nos alegra el corazón como familia? ¿Se ve nuestro *"rostro"* familiar hermoso? Seamos intencionales en encontrarlas.

Pregunta 2: Al mismo tiempo, ¿Qué cosas hemos permitido que nos robe la alegría como familia? Seamos intencionales en identificarlas.

Pregunta 3: ¿Qué beneficios del humor les llamó más la atención? ¿Cuáles de ellos les gustaría experimentar más en sus vidas?

Pregunta 4: Como familia, ¿entienden que tienen un buen balance entre trabajo y vida personal / familia? ¿Alguno de ustedes tiene dificultad en dejar de trabajar para descansar o divertirse? (*Los famosos "workaholics"*)

¡Acción!

Ejercicio 1: Hagan una lista de diez(10) actividades nuevas, súper divertidas y nunca antes hechas como familia.

Ejercicio 2: Para trabajar con el balance trabajo / familia, hagan una lista de cuáles son sus cinco(5) prioridades como familia. Tómense su tiempo. El orden tiene que ser en consenso (todo el mundo debe estar de acuerdo) y sean bien precisos.

Ejercicio 3: Planifiquen hacer por lo menos tres(3) de ellas en las próximas 4 semanas. Pónganle día y hora. Si pueden hacer más, mejor. Sean creativos y pueden seguir haciéndolas en el futuro.

Para un listado adicional de ideas, visite:
www.FamiliasReales.org

Oremos Juntos:

Cierren la sesión orando juntos como familia declarando que los días más alegres y divertidos están por venir. Declaren sabiduría para discernir los tiempos de esfuerzo y los de descanso.

SEMANA 9

SUEÑOS & METAS

Verso Clave:
"Encomienda a YHVH tus obras, y tus pensamientos serán afirmados"
(Proverbios 16:3)

Meta: Retomar la importancia de soñar y planificar en familia.

Objetivos:

- Razones de porqué debemos soñar juntos
- 5 pasos para establecer metas en familia
- 10 versículos bíblicos sobre las metas
- Ideas de metas a corto y largo plazo

Soñando Y Metas Familiares

- Todos tenemos sueños. Hablamos de esas ideas que nos anima, apasionantes, que nos impulsa y ni nos deja a veces dormir.

- La capacidad de soñar con cosas mayores debe ser tratada como algo valioso. De hecho, es una cualidad reservada y exclusiva de los seres humanos. *¿Usted ha visto a una vaca soñando con pastos más verdes y praderas infinitas?* Solo nosotros podemos imaginar, desear y crear una estrategia para conquistar esas ideas. Los sueños nos dan energía y nos impulsan hacia adelante.

- Sin embargo, con el tiempo y las innumerables tareas, se nos olvida volver a soñar y mucho menos convertir el sueño en una meta (*¡Sí, hay diferencia y más adelante te la explico!*).

- Como familia, no podemos vivir desconectados de nuestros sueños y metas. Esto va en contra de nuestro diseño humano. *¿Y saben qué?* Es hasta mucho mejor y más significativo lograr nuestros sueños en familia. Te lo garantizamos.

- Es por eso que las metas familiares son esenciales para asegurarse de que su familia tenga todo lo que necesita para prosperar. No dependan de tener ropas caras, miles de seguidores en las redes sociales o fotos profesionales para lograr sus metas familiares. Es una cuestión de enfoque y deseo.

- El secreto es esforzarse por metas alcanzables que puedan beneficiar a toda su familia. Una vez conquistadas, les dará la motivación suficiente para desafiarse para cosas mayores y sucesivamente. Esto creará un efecto *"bola de nieve"* en ustedes. Será como aquella bola gigante que va rodando montaña abajo mientras se va haciendo cada vez más grande.

¿Cómo Establecer Metas En Familia?

- Primeramente, sientan paz cuando piensen en planificar su lista de metas familiares. Esto es un proceso que se debe disfrutar y hacerse paso a paso. Verán que con el tiempo se tornará un hábito.

- Segundo, en la vida familiar existen múltiples áreas. Para facilitar su proceso, les proponemos que usen el siguiente modelo de vida familiar.

Siéntanse libres de usar otro modelo que ya conozcan o que les resulte más interesante. Como dijimos, es solo un modelo. Para nosotros, la vida en el hogar se compone de las siguientes dimensiones:

1. Vida Social / Actividades de Diversión
2. Salud y Cuidado Personal
3. Vida Romántica / Expresión de Amor
4. Vida Financiera
5. Trabajo / Carrera / Profesión
6. Calidad de vida Familiar / Amigos Íntimos
7. Crecimiento / Aprender / Estudios
8. Espiritualidad

Paso 1 - Elijan y enfóquense en una sola área: En vez de comenzar a planificar todo a la vez y sobre muchos temas distintos, se recomiendan que comiencen con una sola área clave en la que deseen trabajar. El intentar trabajar todo a la vez puede resultar en fatiga emocional y frustración.

Es importante que todos se sientan incluidos y que sea suficientemente desafiante pero alcanzable al mismo tiempo. Tomen un tiempo para reflexionar y visualicen su futuro juntos. Creen esa imagen ideal del futuro acerca del tema que escogieron.

Del área escogida, decidan ahora que meta específicamente desean escoger que esté asociada a esa área. Van a ir de lo general a lo específico. Por ejemplo: Del área *"vida social / actividades de diversión"*, pueden establecer como meta un viaje en crucero por el Caribe en el próximo verano *¿Que tal suena eso?*

Pueden hacerse preguntas como:

- ¿Qué podría mejorar esto a nuestra familia?
- ¿Qué queremos lograr juntos?
- ¿Qué sería interesante y motivador?

Intenten encontrar una opción donde todos se sientan parte y motivados. Den la oportunidad a todos los miembros de la familia a que den ideas y opciones. ¡Importante! Hagan de esta parte, la más divertida. Atrévanse a soñar en grande. Por ejemplo, pueden dibujarlo en una pizarra o crear un *"muro de los sueños"* con imágenes de revista y una cartulina y pegarla en la pared.

Paso 2 - Escriban sus metas usando el formato "SMART": Después de escoger su área de enfoque y generar ideas, vamos a ponerle a su meta un formato que les ayudará llamado la técnica **SMART** y continuación se la explicamos.

Específico (S): La clave está en los detalles. Su meta estará completamente definida cuando puedan responder: *qué quieren hacer, quiénes van a participar y haciendo qué específicamente, dónde ocurrirá, cuándo empezamos y terminaremos, cómo se hará y sobre todo, por qué la quieren lograr.* El *"por qué"* son las razones que nos motivan y los animará a seguir en momentos de tensión.

Medible (M): Definan señales de logro. En otras palabras, cómo medirán los resultados. Por ejemplo, si la meta es conducir desde Florida hasta New York, cuando pasemos por la ciudad de Autryville, North Carolina, sabremos que completamos 50% del viaje. Otros ejemplos son: cuando bajen X libras de peso o cuando ahorren X cantidad de dinero significará algo específico para ustedes. Pongan todas las señales de progreso que deseen.

Alcanzable (A): Soñar con el *"cielo y las estrellas"* es maravilloso más pongan los pies en la tierra también. Es una cuestión de equilibrio. Asegúrense de que su meta sea suficientemente desafiadora (*que se sientan algo incómodos*) más que también sea alcanzable. Si no, el proceso, o podría ser muy cómodo o podría frustrarlos.

Relevante (R): Determinen cuán importante es para ustedes la meta. Pueden usar una escala de 1 al 100 para identificar el nivel de importancia. *¿Es una meta que le hará bien a todos o solo algunos? ¿Su meta esta alineada con sus necesidades y valores familiares? ¿Vale la pena conquistarla?*

Tiempo (T): Esto significa que las metas deben estar dentro de un límite de tiempo. Significa también que tiene que haber un tiempo de inicio y un tiempo de culminación. Pregúntense: *¿Cuánto tiempo tienen para lograr su objetivo? ¿Cuando van a comenzar? ¿Para cuándo se ven logrando su meta?*

Paso 3 - Establezcan la ruta para llegar: Un error común que cometemos al ponernos metas es enfocarnos en el *"todo"* como proceso o *"solo en el final"*. La clave es dividir el gran proceso en *"pequeños pasos"* que puedan lograr a corto plazo. Es más fácil de ver, trae enfoque, verán resultados constantemente y no es emocionalmente abrumante. En vez de pensar en que *"tienen que ahorrar $50,000 dólares para una casa"*, enfócate en ahorrar $100 semanales y guárdenlo. Al final, muchos $100, les dará el total que necesitan.

Es como poner una fila de piedras para cruzar de un lado del río al otro. Recuerden colocar el plan donde todos lo puedan ver (*nevera, sala de casa, etc.*). En el plan, incluyan una descripción de cada paso (qué), cuando, quiénes son los responsables por ejecutarlo y cómo se hará. Asegúrense de que todos estén involucrados en el proceso.

Paso 4 - Den seguimiento al proceso: Programen reuniones cortas esporádicamente para repasar por donde van en el proceso y también hacer cualquier ajuste necesario. Elijan con qué frecuencia harán el seguimiento y cómo marcarán el progreso en su objetivo. (*Ejemplo: Un termómetro de cartón que muestre cuanto dinero han ahorrado*). Un registro de progreso visual es especialmente ideal para los niños, como algo que pueden marcar o colorear. Pueden poner incentivos / regalos mientras van alcanzando las etapas, camino a su gran logro.

Paso 5 - Celebren tus logros: Cuando lleguen a sus metas, asegúrense de celebrarlo. ¡Merecen como familia celebrar su arduo trabajo! Escojan la manera perfecta de celebrar donde todos lo disfruten, como una fiesta de pizza y helado o un viaje familiar. También tómense el tiempo de validar verbalmente el esfuerzo de cada uno.

10 Versículos Bíblicos Sobre Las Metas

Proverbios 16:9 – *"El corazón del hombre traza su camino, pero YHVH establece sus pasos"*

Proverbios 21:5 – *"Los planes del diligente solo traen ganancia, los planes del precipitado, solo indigencia"*

2 Crónicas 15:7 – *"Pero vosotros esforzaos y no aflojéis vuestras manos, porque vuestra labor será recompensada"*

Filipenses 3:13-14 – *"Hermanos, yo mismo no considero haberlo alcanzado, pero una cosa hago, olvidando las cosas que quedan atrás, y extendiéndome a las que están delante, prosigo hacia la meta, hacia el premio del supremo llamamiento de Dios en Jesús el Mesías"*

Lucas 14:28 – *"Porque ¿quién de vosotros, queriendo edificar una torre, no se sienta primero y calcula el costo, para ver si tiene con qué terminarla?"*

Proverbios 29:18 – *"Donde no hay visión profética, el pueblo entra en desenfreno, pero, ¡cuán bienaventurado es el que guarda la Ley!"*

Proverbios 15:21-23 – *" La necedad divierte al falto de entendimiento, pero el hombre inteligente endereza su andar. Los planes fracasan cuando no se delibera, pero resultan a fuerza de consejeros"*

Salmos 20:4 – *"Te dé conforme al deseo de tu corazón, y cumpla todos tus propósitos"*

Colosenses 3:23 – *"Cuanto hagáis, hacedlo de corazón, como para el Señor, y no para los hombres"*

Ideas De Metas A Corto Y Largo Plazo
(Ustedes pueden añadir todas las que deseen)

Ideas de Metas Diarias

- Despertarse más temprano
- Llegar a tiempo a los compromisos
- Salir afuera más frecuente / tiempo relax
- Consumir almuerzos más saludables
- Orar / meditar / vida espiritual activa
- Tiempo de mesa juntos en familia
- Viajar en un mismo carro (no separados)
- Practicar gratitud y humildad
- Obedecer las reglas familiares
- Cuento nocturno (niños pequeños)

Ideas de Metas Semanales

- Noche de juegos en familia
- Planificar la cena familiar semanal
- Caminata familiar semanal
- Niños ayuden con las compras semanales
- Cocinar cenas caseras juntos
- Jardinería familiar
- Asignar trabajos familiares semanalmente
- Visitar la biblioteca
- Ejercitarse juntos / deportes
- Noche de pelicular familiar

Ideas de Metas Mensuales

- Mantener el calendario familiar mensual
- Reunión familiar mensual
- Ser voluntarios en algún evento comunitario
- Presupuesto mensual para la diversión familiar
- Pruebe una nueva receta familiar cada mes
- Noche para identificar nuevas metas
- Visitar familiar / amigo que hace tiempo no ven
- Hacer un retiro espiritual familiar
- Actividades escolares extracurriculares
- Salir a evangelizar como familia
- Proyecto ambiental / ecológico

Ideas de Metas Anuales

- Planeen unas vacaciones en familia
- Hacer un viaje familiar por carretera
- Juegos olímpicos familiares
- Iniciar una nueva tradición familiar
- Donar juguetes / ropa que ya no usan
- Haga una lista de objetivos familiares
- Discutir objetivos individuales
- Aprender una nueva habilidad en familia
- Planifique y organice un encuentro familiar

Otras Ideas de Metas

- Mantener el respeto mutuo
- Manejar un plan financiero familiar
- Mantener una comunicación saludable
- Seguir un plan de dieta familiar
- Hacer ejercicio juntos
- Mejorar el tiempo de sueño
- Reducir el tiempo de pantalla (TV, Internet, etc)
- Escojan un libro y léanlo en familia
- Clases de cocina
- Iniciar un blog familiar
- Iniciar una alcancía familiar
- Crear fondo de emergencia (3-6 meses)
- Trabajo voluntario / comunitario en familia

- Cocinar para otros
- Comprar una nueva casa
- Fomentar una educación de alto nivel
- Iniciar un negocio familiar
- Aprender un nuevo idioma
- Crecer y envejecer juntos (longevidad)
- Desarrollar una actitud agradecida

Preguntas Guías Para Conversar

Pregunta 1: Usando una escala del 1 al 100, ¿A qué nivel está su capacidad de soñar como familia? ¿Se sienten satisfechos con el nivel de soñar que tienen actualmente?

Pregunta 2: ¿Pueden identificar algunos factores que estén robando su capacidad de soñar a un nivel más alto?

Pregunta 3: Como familia, háganse las siguientes tres(3) preguntas: ¿Qué podría mejorar nuestra familia?, ¿Qué queremos lograr juntos? y ¿Por qué área deberíamos comenzar?

Pregunta 4: Como familia, ¿A dónde se ven en 6 meses? ¿Qué se ven logrando dentro de 1 año?

¡Acción!

Ejercicio 1: Escojan por cual área empezarán a conquistar nuevas metas. Solo un área a la vez. Eventualmente podrán repetir el mismo proceso para conquistar metas en otras áreas. Del área escogida, creen una meta siguiendo el formato **SMART**.

Ejercicio 2: Crear el *"mural de los sueños"*. En una cartulina, coloquen el nombre de su familia arriba y usen imágenes para describir la meta que escogieron. Pueden usar laminas, recortes de revista, dibujos, *"stickers"*, etc. Sean creativos y que todos participen. Luego, coloquen la obra terminada en un lugar donde lo puedan ver para mantenerse en contacto con sus sueños.

Oremos Juntos:

Cierren la sesión orando juntos como familia declarando que sus sueños y metas se cumplen. Agradezcan la capacidad única que Padre nos da de crear nuestro mañana en Él.

SEMANA 10

SANIDAD & PERDÓN

Verso Clave:

"Sed bondadosos los unos con los otros, compasivos, perdonándoos los unos a los otros como también Dios os perdonó en el Mesías"
(Efesios 4:32)

Meta: Identificar y sanar heridas emocionales en la familia.

Objetivos:

- La naturaleza de las heridas emocionales
- Señales de heridas emocionales
- 5 causas de heridas emocionales en la familia
- El poder del perdón y sus etapas

Naturaleza De Las Heridas Emocionales

- Es muy difícil encontrar una familia perfecta que pueda convivir sin tener problemas. No importa si existe amor, comprensión y respeto. Por el hecho de cada uno de nosotros ser diferentes y únicos, estamos propensos a generar problemas de convivencia en algún momento. Algunos de estos episodios, pueden acabar causando heridas familiares.

- Estas heridas pueden llegar a afectar significativamente los corazones de ustedes como familia, sin hablar de otras secuelas emocionales que pueden dejar.

- Las heridas emocionales pueden ocurrir tanto en la niñez, juventud, como en la edad adulta de una persona. Las heridas emocionales desarrollan ciclos de dolor, sentimientos de baja autoestima y miedo, entre otros efectos.

- La sanidad en el alma es el proceso que ayuda a las personas a enfrentar marcas, traumas, complejos y problemas de autoestima. La meta es poder superarlos, sanar y recuperar la estabilidad emocional.

- Esto no se puede lograr solo usando técnicas psicoterapéuticas. La verdad es que se logra a profundidad a través del Espíritu Santo, la fe, la confesión, y sobre todo, reconociendo que estás herido(a) todavía y necesitas libertad.

- Las heridas emocionales sin sanar son puertas abiertas que el enemigo puedo usar para tomar control de sus emociones. Además, existe evidencia de que traumas emocionales están asociados a adicciones, violencia, libertinaje, personalidad agresiva y otras disfunciones psicológicas.

- Cuando somos sanos y libres del dolor emocional, podemos testificar con nuestra historia acerca del poder transformador de Jesús en nuestras vidas.

Señales De Heridas Emocionales

- El primer paso de un proceso de sanidad es *identificar y aceptar que estamos heridos emocionalmente*. Para llegar a este nivel de consciencia se requiere tener algo esencial llamado *auto-responsabilidad*. Esta es la capacidad de asumir una postura reflexiva en relación a uno mismo y nuestra vida propia.

- Las señales deben verse dentro de su contexto, deben ser constantes y que se repiten a través del tiempo. Una sola señal de vez en cuando, no es necesariamente evidencia para decir que estamos heridos. A continuación, tienen una lista de posibles síntomas asociados a heridas emocionales:

- Inestabilidad y vacío interior
- Irritabilidad (entrar en coraje fácilmente)
- Poca o ninguna tolerancia
- Hipersensibilidad (alta intensidad emocional)
- Sensibilidad sobre eventos pasados / memorias
- Dificultad para perdonar y sentirse amados
- Explosividad (de la nada o sin razón aparente)
- Resentimiento y coraje hacia Dios
- Odio a sí mismo
- Se frustran con facilidad
- Escapan o evitan situaciones
- Juicio severo contra ellos mismos
- Auto-culpa de lo que les pasó
- Deseos de venganza constante
- Expectativas irracionales de los demás
- Perfeccionismo
- Sentimientos de desesperanza
- Impulsividad / conductas irresponsables
- Posible desarrollo de trastornos psicológicos

5 Causas De Heridas Emocionales En La Familia

Causa 1 - Rechazo: El rechazo es un tipo de herida que viene junto a un sentimiento de no aceptación y despido. Es una de las heridas emocionales más profundas que existe. Hace que uno se sienta no deseado, sin valor e indigno de amor. Se crea un patrón de alienarse para evitar ser rechazado nuevamente.

Causa 2 - Abandono: Esta herida se asocia al miedo a la soledad. Toma forma generalmente entre los 0 a 3 años, debido a la ausencia física de uno o ambos padres o por prácticas negligentes. También puede nacer ante eventos de separación como divorcios y viudez. El abandono es una herida que puede entrar a su vida de forma accidental o intencionada. Una persona que se ve afectada por esta herida puede desarrollar problemas de codependencia y tener dificultad para confiar en sí mismo y otros.

Causa 3 - Injusticia: Interacciones rígidas es lo que causa el miedo a la injusticia. Las personas que son frías y autoritarios a menudo pueden cargar a los demás con demandas extremas. Por lo general, son intolerantes a los errores. Su forma de comunicar crea sentimientos de ineficacia y de inutilidad.

Causa 4 - Humillación: Herida asociada a vergüenza y a las críticas constantes. Se inculca miedo al fracaso diciendo que *"son malos"* o *"que no lograrán nada en la vida"*. La constante burla y críticas por cada acción puede afectar la autoestima y la confianza. Esta inseguridad desarrolla la necesidad de buscar constante validación de los otros. También puede tornarlas en *"bullies"* que buscan desplazar su dolor humillando a otros.

Causa 5 - Traición: Esta herida se genera cuando alguien de la familia no cumple sus promesas. También cuando se engañan o generan *"emboscadas"* para hacer quedar mal a alguien de la familia. Personas heridas de traición tienen problemas para confiar en otros y pueden guardar sentimientos de venganza. Una manera de compensar el dolor es convertirse en personas extremadamente controladoras y quieren que todo se haga a su forma.

El Poder Del Perdón

- Si algo quiere el Padre para nosotros es que vivamos libres, fructíferos, sanos y en paz para poder cumplir nuestra asignación en la tierra. Heridos es imposible lograrlo.

- El Padre desea que perdonemos porque: Él nos ha perdonado (Efesios 4:32), la falta de perdón es pecado (Santiago 4:17), somos agentes de paz y reconciliación (Romanos 12:18-21) y para que no amarguemos nuestra alma (Hebreos 12:15).

- El perdón es una decisión totalmente consciente y deliberada. No es inconsciente, ni se hace durmiendo, ni mucho menos bajo engaño. Su fin es renunciar a todo sentimientos de resentimiento o venganza hacia una persona o grupo. Es algo que haces por ti mismo y no por justicia o mérito del otro (*no es porque se lo merezcan*).

- Cuando eliges perdonar, le estás dando a alguien el regalo de la libertad de **NO** tener que pagar la "*factura*" por ofenderte. En otras palabras, el ofensor queda liberado de la deuda. Existen muchas dudas y confusión entre lo que es y no es perdonar.

Entonces, ¿Qué NO ES Perdón?

- Eludir la justicia de Dios
- No es un sentimiento (hay que sentirlo)

- Perdonar pero no olvidar (resentimiento)
- Reprimir tus sentimientos
- Ocultar tu dolor
- Esperar a que me siente mejor para hacerlo
- Justificar al ofensor
- Hacerlo por complacer a otros
- Actuar motivado por la pena (¡Pobrecito!)
- Una garantía de reconciliación
- Algo lógico o justo para otros
- Condicionado (lo hago si él lo admite primero)
- Una señal de debilidad
- Una respuesta natural del ser humano

Simplemente: *Es algo que no hace sentido, no es natural y que tiene que nacer del mismo Espíritu de Dios en nosotros.*

Las Cuatro Etapas Del Perdón

Etapa 1: Enfréntate a la ofensa: Cuando sientes un dolor que es personal, injusto y profundo, tienes una herida que solo se puede curar perdonando a quien te hirió. Primero, debes enfrentar la verdad de lo que realmente ocurrió y no obstaculizar la verdadera sanidad tratando de racionalizar. No minimices la ofensa pensando: "*No importa lo mal que me trate, está bien...me lo merezco*".

No justifiques la conducta del ofensor pensando: "*Él no quiere lastimarme. No debería sentirme molesto con él, ¡es un miembro de mi familia!*" o "*Quizás me maltrató porque estaba teniendo un mal día, pobrecita*" Tómate tu tiempo. Es un proceso.

Etapa 2: Siente la ofensa y valida tus sentimientos: La ofensa nos hace sentir enojados, frustrados y pensamos que hemos sido afectados sin razón. Cuando una persona destruye lo que nuestro compromiso e intimidad crearon, algo precioso es destruido.

Estos sentimiento de dolor, coraje, frustración, impotencia, entre otros, son necesarios reconocerlos como parte del proceso. No hablo de que el sentimiento tome control de ti. Hablo de darte el permiso de sentirte con dolor y herido por algo que no buscabas recibir de alguien.

Cuando validas como te sientes, le cierras la puerta a reprimir o minimizar la ofensa. Muchos menos, te atribuirás la culpa. Cuando el dolor es reprimido, este no desaparece. Simplemente se almacena. Lo haces temporeramente *"invisible"* y tarde o temprano se manifestará con alta intensidad.

Etapa 3: Perdona al ofensor: Decimos que *"Errar es humano, y perdonar, divino"* pero generalmente lo que hacemos es culpar o vengarnos de los otros. Es mucho más fácil culpar que perdonar. Pero recuerde que somos llamados por el Padre a perdonar. Cuando perdonas, eres atraído al corazón del Padre, y tu vida adquiere el carácter divino de Cristo.

Muchas personas dicen que no perdonan por falta de ganas. El perdón no es un sentimiento, sino más bien un acto de la voluntad, una elección. *¿A caso fue justo que Jesús muriera por nosotros? Como humano, ¿ustedes creen que tenía ganas de morir?* ¡NO! pero escogió hacerlo por amor.

Si alguien dice que le falta poder para perdonar, es porque está queriendo usar sus propias fuerzas. Esto es algo que nace en tu espíritu y es generado por el Padre en nosotros. No veas el perdón como un acto de justicia. No lo es. No fue justo que te ofendieran y posiblemente ni merece que lo perdones. Mas pregúntate: *¿Es justo quedarte en silencio con el dolor que otros te provocaron?* Creemos que no. Y peor aún, es que muchas veces el ofensor no esta consciente de la ofensa que ocasionó. ¡Perdona...tienes que ser libre!

Etapa 4: Libertad y reconciliación (si aplica): No se puede vivir con dolor después de perdonar, aunque a veces puede tomar un tiempo irse. Una de las manifestaciones de residuos de dolor se llama *resentimiento*. Si este aun está, te falta perdonar o falta un poco más de tiempo para sanar. Solo tú sabrás discernir esto. Si perdonaste, ahora debes aprender a vivir como perdonado. Disfrutar de la libertad de que la ofensa ya no tiene control y dominio sobre ti.

Importante: El perdón no es garantía de reconciliación. No te pongas esta presión porque en realidad depende de varios factores ni tampoco siempre es saludable. La reconciliación requiere madurez, honestidad, auto-responsabilidad y una razón válida. Si existen estas condiciones, entonces hay esperanza.

Al mismo tiempo, estas condiciones se tienen que sostener a través de tiempo. Muchas veces el ofensor puede actuar inicialmente de una forma agradable para reconciliarse pero con el tiempo vuelven los patrones ofensivos. No se precipiten y vayan con calma. Si no hay justificación para reconciliarse o si hay peligrosidad para una de las partes, quédense así. No es pecado mantener distancia justificada.

No dejen de orar por su ofensor(a). Pídanle a Dios que continúe formando su carácter y que también puedan sanar. Usualmente, son los heridos los que hieren y los sanos los que sanan.

Es común ver en algunos casos y luego de haber aplicado el perdón, que el ofensor vuelve ofender. Recuerden, que no pueden controlar lo que hacen los demás, pero pueden controlar cómo responden a lo que hacen los demás. Jesús dijo que debemos responder con perdón sin importar el número de veces que hayamos sido ofendidos. Si es el caso, entren de nuevo al proceso y trabajen con eso. No ignoren el hecho.

Preguntas Guías Para Conversar

Pregunta 1: Pensando como familia cristiana, discutan las razones de por que debemos perdonarnos (¿Que dice las Escrituras sobre esto?)

Pregunta 2: ¿Pueden identificar algunas señales de heridas emocionales en ustedes?

Pregunta 3: ¿Entienden que dentro su familia se han manifestado algunas de las 5 causas de heridas emocionales?

Pregunta 4: Como familia, ¿sienten que tienen que perdonarse en algunos aspectos?

Si identifican alguna ofensa en ustedes, sea por algún miembro de la familia o de alguien externo, hagan juntos en voz alta la siguiente oración:

Oración Para Sanidad Emocional

"Padre, hoy yo decido perdonar a _____ por herirme. Reconozco que respondí a su ofensa guardando dolor en mi corazón. Hoy soy consciente que esto no te agrada. Perdóname por haber respondido a _____ sintiendo _____. Llevo esta actitud cautiva a la cruz y lo declaro inoperante. Desde hoy no tendrá más control sobre mi. Reclamo el carácter de Cristo en mi. Recibo el perdón y la sanidad que Cristo conquistó en la Cruz. En el Nombre tuyo, Jesús... Amen."

¡Acción!

Ejercicio 1: Lean y analicen juntos los siguientes versos: 2 Corintios 10:4-6, Efesios 4:22-24 y 1 Corintios 15:31

Ejercicio 2: Cada uno, complete el ejercicio de autoconcimiento que se encuentra al final del libro titulado "*¿Estoy emocionalmente herido?*"

Oremos Juntos:

Cierren la sesión orando como familia para que Padre continúe mostrando áreas que están prisioneras por el dolor de una ofensa. Que les de fuerzas y sabiduría para tratar con ellas y que el carácter de Cristo sea formado en ustedes.

FAMILIAS REALES

PALABRAS FINALES

Si ya están leyendo esta página es porque ha concluido nuestro programa de *"Familias Reales"*. Felicidades por este gran logro. Confiamos en Dios que todo lo que han aprendido y practicado en todo este tiempo, ya les esté dando frutos. Y es solo el comienzo de sus días más extraordinarios como familia. *¿Se atreven a decir amén a esto?*

Este libro / guía pretendía crear consciencia de áreas esenciales que toda familia debe desarrollar para tener hogares saludables y felices. Creo que todos nosotros tenemos ese derecho más como bien saben, no es algo mágico. Una *"familia real"* no surge por accidente. Es algo que se trabaja todos los días. Es un aprender, desaprender y reaprender constante que nunca acabará.

Nuestra exhortación es que continúen practicando diariamente. Regresen de nuevos a las paginas de este libro, a los ejercicios y a sus anotaciones. Es algo que puede requerir tiempo hasta que se incorpore en ustedes tan natural como respirar. También pueden recomendar este libro a otras familias que conozcan que puedan beneficiarse de este programa.

Si identificaron áreas muy sensitivas en ustedes, consideren buscar ayuda de terapeutas o consejeros familiares capacitados y sensibles a la voz de Espíritu Santo para que los lleven de la mano hacia la victoria en esa área. Verán la diferencia inmediatamente. Se los garantizamos.

Por último y lo más importante: si aún no han hecho a Jesucristo el centro de su familia, les invitamos a que lo consideren ahora. Simplemente díganle que lo necesitan en sus vidas, que reconocen su sacrificio en la cruz por nosotros y que lo reciben como su Salvador personal. De esta forma, sus pecados serán perdonados y habrán nacido de nuevo. Es lo mejor que le puede pasar a cualquier familia. Hagan suyas las palabras de Josué 24:15: *"pero yo y mi casa serviremos a YHVH."*

Declaramos los mejores días para su familia. Que el Eterno bendiga su ascendencia y su descendencia. Que traiga provisión perfecta hasta que sobreabunde. Que la revelación del Reino irrumpa en su casa. Que la Paz de Dios sobrepase sus entendimientos y que el Espíritu Santo traiga alivio, paz y sanidad a sus vidas. En el nombre del hijo amado, Jesús... ¡Amén!

Con amor y honor,

Benny y Mariela

Acerca De Los Autores

Dr. Benny Rodríguez: Psicólogo clínico, coach, autor y conferencista internacional. CEO de Vida 360 y fundador de la Academia De Autores. Ha trabajado con líderes en 15 países y con más de 150 empresas y organizaciones. Bachillerato en Psicología, Maestría en Coaching y Doctorado en Psicología Clínica. Está certificado como Master Coach, Analista de Perfiles de Comunicación, Practicante en Programación Neurolingüística y entrenador del perfil *"Prepare & Enrich"* para familias. Autor del libro *"Cambia tu Sartén: 21 Principios para Transformar tus Creencias Limitantes y Disfrutar de una Vida Abundante"*.

Lcda. Mariela Guadalupe: Abogada, agente de bienes raíces, autora y conferenciante. Bachillerato en Psicología, *Juris Doctor* en Derecho y Licencia de Agente de Bienes Raíces del Estado de la Florida. Como esposa y madre, disfruta al máximo el tiempo en familia.

Residen junto a sus 2 hijos, David e Isabella, en la ciudad de Orlando, FL - USA

Para Pedidos & Invitaciones:

www.DrBenny360.com
www.FamiliasReales.org

Síguenos en las Redes Sociales: @DrBenny360

Ejercicio De Auto-Conocimiento
¿Estoy Emocionalmente Herido?

Instrucciones: Lee cada situación y coloca el número que mejor represente tu respuesta. Sean lo más sinceros posibles con ustedes mismos. Los resultados NO SON para ser discutidos en familia.

3 = ocurren con mucha frecuencia en tu vida
2 = a veces ocurren
1 = rara vez o nunca ocurren

_____ Te escondes en la oficina o cuarto con la radio o TV con alto volumen, enojado y pateando cosas.

_____ Te alejas o evitas las personas. Pones una apariencia de que no pasa nada.

_____ Sentir celos cuando alguien le habla a tu amigo(a) y no a ti.

_____ Hablas para convencer a otros y obtener lo que tú quieres. (Control y Manipulación)

_____ Dificultad de recibir instrucciones. Te enojas y murmuras cuando te corrigen.

_____ Dificultad de recibir o dar afecto. Ejemplo: alguien te viene a dar un abrazo y lo esquivas.

_____ Necesitas excesiva atención y reconocimiento. Ej: los payasos en la escuela, "*bully*" de sus compañeros, los "*sabelotodos*", se auto-celebran por todo para que otros los vean.

_____ Sentirte no amado. Decir "*nadie me ama*", "*a nadie le gusto*", "*nadie nota que existo*", etc.

_____ Centrado en sí mismo. Posee un espíritu egoísta.

_____ Emocionalmente inmaduro. Te pasas llorando, haciendo "*perretas*", dando quejas, "*drama queen*", etc.

_____ Patrones de rupturas de relaciones. Muchos cambios de trabajo, muchas relaciones amorosas, brincan de iglesia todo el tiempo, etc.

_____ Patrones de rupturas de relaciones. Muchos cambios de trabajo, muchas relaciones amorosas, brincan de iglesia todo el tiempo, etc.

_____ Validas tu identidad a través de un grupo. Significa que no te agrada estar solo(a), necesitas que otros te digan lo valioso que eres para sentirte valioso, etc.

_____ Actitud juiciosa. Piensas que nadie lo puede hacer tan bien como tú o si quieres que algo quede bien, lo tienes que hacer tu.

_____ Falta de intimidad con Dios. Te sientes lejos del Padre Celestial.

_____ Miedos y Fobias. Desarrollaste miedo a la oscuridad, a estar perdido, a quedarte solo, al futuro, miedo de enfermarte, miedo de accidentes, etc.

_____ Enfermedades relacionadas con el estrés. Ej. Desórdenes de la piel, ataques de ansiedad y situaciones del corazón, etc.

_____ Peleas y cuestionas todo. Tienes explosiones emocionales de alta intensidad y pierdes la paciencia fácilmente.

_____ Falta de disciplina y responsabilidad. Por ejemplo: problema, con la pornografía, mentiras, sobrepeso, dormir demasiado, etc.

_____ Eres sobre-responsable. Significa que tomas las faltas de otros como si fueran tuyas y no dejas que los otros se responsabilicen.

_____ Rechazo propio y no sientes valor por ti mismo. Te miras al espejo buscando encontrar todas tus faltas en vez de ver la imagen de Dios en ti. Terminas creyendo las mentiras que otros hablan sobre ti.

De la lista, escoge con cuales tres(3) situaciones te identificas más. *¿Puedes asociar estos comportamiento con algún tema o evento específico?*

1. _____

2. _____

3. _____

¡TAMBIÉN DISPONIBLE!

¿DE QUÉ TAMAÑO ES TU SARTÉN?

21 PRINCIPIOS PARA TRANSFORMAR TUS
CREENCIAS LIMITANTES Y DISFRUTAR DE UNA VIDA ABUNDANTE

www.CambiaTuSarten.com

PREPARE ENRICH

CERTIFICACIÓN DE FACILITADORES

Con esta herramienta, usted podrá brindar información personalizada y herramientas de cómo mejorar la relación en 9 áreas: *comunicación, resolución de conflictos, estilo y hábitos, gestión financiera, ocio/pasatiempos, expectativas sexuales, vida familiar y amigos, roles en las relaciones y creencias espirituales.*

Más de 4 millones de parejas se han preparado para el matrimonio o han enriquecido su relación. Respaldada por investigaciones y comprobada para reducir el riesgo de divorcio en un 30%

www.DrBenny360.com